QU'EST-CE QUE LA RESPONSABILITÉ ?

CHEMINS PHILOSOPHIQUES

Collection dirigée par Magali Bessone et Roger Pouivet

Simon-Pierre CHEVARIE-COSSETTE
Christian NADEAU

QU'EST-CE QUE LA RESPONSABILITÉ ?

PARIS
LIBRAIRIE PHILOSOPHIQUE J. VRIN
6 place de la Sorbonne, Ve

2024

M. Gilbert, « La responsabilité collective et ses implications »,
traduction I. Bérélowitch,
Revue française de science politique, vol. 58 (6), p. 907-910

Aristote, *Éthique à Nicomaque*,
traduction J. Tricot,

Imprimé en France
ISSN 1762-7184
ISBN 978-2-7116-3184-1
www.vrin.fr

LE RÉSEAU DE LA RESPONSABILITÉ

La responsabilité est un concept hautement abstrait. Comme le concept d'action, il peut être attribué autant à des objets qu'à des humains. On dit qu'un virus ou un ouragan *tuent* (en ce sens, ils agissent) ; on dit également qu'ils sont *responsables* de la mort d'une personne[1]. Cela signifie tout simplement que le virus ou l'ouragan a causé le décès, qu'il en est causalement responsable. Et, tout comme l'action, la responsabilité occupe une place de choix dans de nombreux domaines : entre autres, le droit, la médecine, la politique.

Comme l'action, encore, la responsabilité est un concept central de la philosophie morale (ou de l'éthique, que nous ne distinguerons pas de la philosophie morale pour les besoins de ce livre), l'étude du bien et du mal, du juste et de l'injuste. Plus particulièrement, le concept de responsabilité morale est incontournable. En philosophie morale, nous posons des questions *axiologiques*, c'est-à-dire au sujet des valeurs, par exemple, la question de la différence de valeur entre plaisir intellectuel et plaisir

1. Voir sur ce parallèle, voir J. Hyman, *Action, Knowledge, and Will*, Oxford, Oxford University Press, 2015, p. 29-32.

charnel. Nous posons des questions *déontiques*, au sujet de ce qu'il est prescrit ou permis de faire, par exemple, la question de savoir s'il faut mentir pour sauver la vie d'un innocent. Nous posons enfin des questions *hypologiques*, qui concernent l'agentivité, par exemple, quelles sont les vertus d'une personne, ses sentiments moraux, etc. Cela inclut des questions comme qui a la charge de quoi et qui se doit de rendre des comptes – autrement dit, des enjeux de responsabilité morale.

Les questions pratiques de responsabilité abondent. Est-il de mon devoir de sacrifier mes économies pour aider à une campagne contre la fistule ? Suis-je aussi coupable des atrocités dont je suis l'auteur que de celles dont j'ai été le témoin muet ? Dois-je être réprimandé si j'ai, par ignorance, offensé quelqu'un ? Qui devrait payer lorsqu'une multinationale se rend coupable d'un déversement de pétrole en pleine mer à cause d'un problème de communication interne ? La compagnie elle-même ? Ses dirigeants ?

Notre but premier ici n'est pas de répondre à ces questions pratiques, même si nous en aborderons quelques-unes. Nous voulons plutôt offrir un cadre que nous trouvons plus adéquat que d'autres pour les aborder avec plus de clarté et de perspicacité. En effet, tout comme il vaut mieux savoir ce qu'est une action avant de se demander qui a fait quoi, il vaut mieux comprendre ce qu'est la responsabilité morale (individuelle et collective) avant de se demander qui est responsable de quoi.

Qu'est-ce que la responsabilité morale ? La même expression a plusieurs sens très différents, mais qui semblent liés en un réseau conceptuel central pour la philosophie morale[1]. Ce chapitre introductif se demande à quoi ressemble ce réseau et plus particulièrement quel lien il y a entre la responsabilité et la culpabilité.

Quelles sont les conditions de la responsabilité ? La section II se demandera en général si nous pouvons contrôler notre conduite, de manière à en être responsables et, dans la foulée, si le déterminisme est un obstacle à la responsabilité.

Peut-on parler sérieusement de responsabilité collective ? Dans la section III, nous tenterons de comprendre comment on peut le faire sans que l'individu soit injustement absorbé par le collectif.

Enfin, les textes commentés dans la seconde partie, « Commentaires » (Aristote et Margaret Gilbert) prolongent la réflexion des deuxième et troisième sections, s'attardant respectivement sur la validité d'excuses comme la contrainte et sur la manière de comprendre l'engagement d'individus à l'égard d'un groupe.

Une idée centrale qui traverse cet ouvrage est qu'être responsable de notre conduite, c'est devoir en répondre. Cette conception nous permet de comprendre pourquoi il faut absolument distinguer la culpabilité (et le mérite) de la responsabilité et pourquoi il est possible de tenir des groupes comme des individus responsables de choses qui ne sont pas entièrement sous leur contrôle. Loin d'être un reliquat d'une conception non scientifique de l'être humain, la notion de responsabilité nous semble toujours déterminante en éthique.

1. Pour une idée similaire, voir R. Dworkin, *Justice for Hedgehogs*, Cambridge (Mass.)-London, Harvard University Press, 2011, p. 224.

QUATRE SENS DE LA RESPONSABILITÉ

Le concept de responsabilité concerne plusieurs domaines : la métaphysique (responsabilité causale), le droit (responsabilité légale) et l'éthique (responsabilité morale), pour ne nommer que ceux-là. En droit comme en morale, on peut distinguer plusieurs sens du terme « responsabilité », des sens qui se ressemblent d'un domaine à l'autre. H. L. A. Hart l'avait bien compris, comme l'indique sa célèbre parabole :

> Comme capitaine de navire, X était [a] responsable de la sécurité des passagers. Mais lors de son dernier voyage, il se saoula tous les soirs et fut [b] responsable de la perte du bateau et de son équipage. La rumeur courut qu'il était fou, mais les médecins considérèrent qu'il était [c] responsable de ses actions. Tout au long du voyage, il se comportait de façon irresponsable [d1], et des accidents variés dans sa carrière confirmèrent qu'il n'était pas une personne [d2] responsable. [...] Il est toujours en vie et il est moralement [e] responsable de la mort de plusieurs femmes et enfants[1].

Si ce passage a un sens, c'est bien sûr parce que le mot « responsabilité » en a plusieurs. Hart distingue, pour le contexte légal, trois sens de la responsabilité (en plus de la responsabilité causale).

1. Le capitaine était responsable [a] de la sécurité des passagers, c'est-à-dire qu'il avait des *devoirs en vertu d'un certain rôle*, celui de capitaine. Il a également des devoirs comme personne. On parle parfois de responsabilités prospectives, qui concernent l'avenir.

1. H. L. A. Hart, *Punishment and Responsibility*, Oxford, Oxford University Press, 2008, p. 211.

2. Le capitaine est responsable [b, e] du désastre, c'est-à-dire qu'il *doit en répondre* devant ses pairs ou devant la loi, ce qui implique qu'il puisse être passible (*liable*) d'une sanction comme une amende ou un reproche. On parle parfois de responsabilités rétrospectives, qui concernent le passé[1].
3. N'étant pas fou, le capitaine était responsable [c], c'est-à-dire qu'il avait *la capacité* d'occuper un rôle (dans le sens 1) ou de devoir répondre de ses actes (dans le sens 2)[2].

Ces sens ont autant leur application dans le domaine juridique que dans le domaine moral : le capitaine a, à cause de son rôle (comme capitaine ou comme personne), des devoirs juridiques comme des devoirs moraux et il doit répondre de ses agissements devant la loi, mais aussi devant les autres personnes humaines.

À ces trois sens s'ajoute un sens propre à la morale, celui de vertu (que Hart ne nomme pas explicitement) :

4. Parce qu'il ne remplit pas ses responsabilités, le capitaine était irresponsable [d1]. C'est un vice opposé à la *vertu de responsabilité* [d2], laquelle est une disposition à assumer ses responsabilités.

On peut, pour résumer, parler de responsabilité comme rôle, comme réponse, comme capacité et comme vertu.

Ces quatre notions sont, comme le croyait Hart, intimement liées. D'abord, la responsabilité comme vertu, c'est la disposition à remplir son rôle assidûment,

1. Lorsqu'il commente ce passage, Hart parle de « *liability-responsibility* », ce qui évoque la *sanction*, mais il élargit un peu la notion dans les paragraphes suivants.

2. Ces sens sont exposés un peu différemment dans S.-P. Chevarie-Cossette, « Responsabilité morale (A) », dans *L'Encyclopédie Philosophique*, 2017, https://encyclo-philo.fr/responsabilite-morale-a.

à s'acquitter de ses devoirs propres et à répondre de sa conduite avec diligence. En un mot, sans responsabilité comme rôle ou comme réponse, pas de responsabilité comme vertu. Ensuite, la responsabilité comme capacité, c'est la capacité à occuper un rôle et donc à recevoir des responsabilités, de même qu'à être appelé à répondre de ses gestes. Bref, sans responsabilité comme capacité, pas de responsabilité comme rôle ou comme réponse. Enfin, une personne doit répondre de ses gestes seulement lorsqu'elle a échoué ou semble avoir échoué à remplir son rôle. Autrement dit, sans responsabilité comme rôle, pas de responsabilité comme réponse[1].

RÉPONDRE DE SES ACTES

Être responsable de quelque chose signifie devoir en répondre. C'est la thèse, défendue par Anthony Duff et approximée par d'autres[2], que nous mobiliserons pour la

1. Cette dernière question est plus débattue. Pour des considerations en faveur de cette affirmation, voir B. Williams, *Making Sense of Humanity : And Other Philosophical Papers*, Cambridge, Cambridge University Press, 1995, p. 40–41 ; S.-P. Chevarie-Cossette, « Blameworthiness Implies Ought Not », *Philosophical Studies*, 181, 2024.

2. Voir à ce propos A. Duff, *Answering for Crime : Responsibility and Liability in the Criminal Law*, Oxford-Portland, Hart Publishing, 2007, chap. I. Cela correspond d'ailleurs à la définition du *Littré*, qui définit la responsabilité comme « obligation de répondre, d'être garant de certains actes ». Angela Smith affirme qu'« un agent moralement responsable est un agent à qui l'on peut intelligiblement demander de “répondre de” ses attitudes et de sa conduite ». Voir A. M. Smith, « Responsibility as Answerability ». *Inquiry* 58, n° 2, 2015, p. 99-126. Tim Scanlon estime que quelqu'un est responsable de sa conduite lorsqu'« il est approprié, dans un sens général, de lui demander de la défendre ou de la désavouer ». Voir Th. M. Scanlon, *What We Owe to Each Other*. Cambridge (Mass.)-London, Belknap Press of Harvard University Press, 1998.

suite. Il s'agit d'ailleurs du sens qui se rapproche le plus de son étymologie latine, *respondere*[1]. Bien sûr, on ne doit répondre de ses actes que dans certaines circonstances, par exemple lorsqu'on nous le demande. On peut donc spécifier qu'à strictement parler, être responsable, c'est avoir l'obligation *conditionnelle* d'en répondre ou encore que c'est la *susceptibilité à* devoir en répondre. Par exemple, étant responsable de la mort des passagers, on dira que le capitaine a l'obligation d'en répondre si on le lui demande ; ou encore on dira que le capitaine est susceptible de devoir en répondre, c'est-à-dire que certains ont le droit de l'exiger[2]. Comme on répond toujours de quelque chose à quelqu'un, la responsabilité dans le sens qui nous intéresse ici est une relation à trois termes : X doit répondre de Y à Z.

Mais qu'est-ce que c'est que répondre d'un acte ? Lorsqu'on exige qu'une personne « réponde de ses actes », notre exigence peut avoir deux objets bien différents. D'abord, on peut exiger qu'elle reconnaisse avoir posé le geste en question dans toute son épaisseur (« je n'ai pas seulement laissé tomber une poutre ; j'ai blessé quelqu'un ») et qu'elle en explique les raisons (« c'était pour me venger »). Ensuite, on peut exiger qu'elle vive avec les conséquences de ses gestes, par exemple qu'elle paye une compensation à la victime, qu'elle lui présente ses excuses, qu'elle ressente de la honte ou qu'elle soit

1. *Respondere* viendrait à son tour de « re » et « spondere » (garantir) ; les expressions « être le garant » et « devoir répondre » sont clairement liées.

2. La notion de susceptibilité ou passibilité (*liability*) a, avec les notions de droits, de devoirs, etc. été théorisée par W. Newcomb Hohfeld, « Fundamental Legal Conceptions as Applied in Judicial Reasoning », *The Yale Law Journal* 26, nº 8, 1917, p. 710-770.

démissionne de ses fonctions. On peut alors parler de sanction ou de conséquences dont un sujet serait passible (*liabilities*)[1].

Répondre d'un acte c'est donc l'expliquer et, lorsque l'explication est inadéquate, l'expier. Ce sont là deux processus bien différents : on peut avoir à rendre compte d'un acte sans en subir de contrecoups. Imaginons que Georges défonce la porte de l'appartement de Maude pour sauver son chat d'un incendie. Le fait que Georges ait endommagé la propriété de Maude explique pourquoi celle-ci peut lui demander une explication de son geste. C'est aussi pourquoi un juge pourrait se saisir de l'affaire, par exemple si Maude, croyant que Georges lui mentait, portait plainte. Autrement dit, Georges peut être appelé à défendre son geste (puisqu'il est passible d'avoir à en répondre), ce qu'il fait en présentant une justification, une explication de ce pourquoi son geste était adéquat. Mais il serait évidemment injuste de punir ou de blâmer Georges : il faudrait plutôt le remercier.

Cette définition de la responsabilité permet de mieux comprendre la locution « prendre ses responsabilités ». Il s'agit essentiellement d'accepter ses devoirs et de les remplir. La locution peut s'appliquer aux deux types de devoir que nous avons vus jusqu'ici. On peut remplir les devoirs liés à notre rôle : on prend ses responsabilités comme parent lorsqu'on satisfait aux obligations qui y sont liées, par exemple, éduquer ses enfants, les nourrir et les protéger. Mais on peut également prendre ses responsabilités lorsqu'on reconnaît, d'une manière ou d'une autre, avoir contribué au problème et qu'on se rend disponible pour le résoudre ou du moins pour en discuter.

1. Pour une présentation similaire de cette notion, voir, C. Michon, *Répondre de soi*, Paris, Puf, 2022, p. 29.

Entre explication et expiation

Il y a une bonne marge entre celui qui doit expliquer un acte et celui qui doit l'expier, ou, comme le dit Anthony Duff, entre la *responsibility*, le devoir d'expliquer, et la *liability*, le fait d'être passible de conséquences négatives[1].

On comprend alors pourquoi il y a des disputes verbales sur l'attribution de responsabilité. Quand une personne demande à une autre de « prendre ses responsabilités », elle peut autant référer au volet explication (reconnaître avoir posé un geste et l'expliquer) qu'au volet expiation (s'excuser, donner une compensation, etc.).

Comme on l'indiquait plus haut, que l'on parle d'explication ou d'expiation, la responsabilité comme réponse est une notion normative. C'est-à-dire qu'une personne qui doit répondre d'un acte n'est pas simplement une personne à qui l'on a effectivement demandé de répondre de cet acte. C'est plutôt quelqu'un à qui il serait juste, approprié, correct de demander de rendre des comptes.

Avant de blâmer quelqu'un, il y a donc plusieurs étapes à suivre (autant dans le droit que dans la morale) :

1. On se demande d'abord si le sujet est responsable au sens où il a la capacité d'avoir des devoirs et d'expliquer ce qu'il a fait.
2. Si oui, on lui demande de reconnaître ce qu'il a fait et de l'expliquer et plus particulièrement de défendre son comportement (s'il le peut) ; autrement dit, on lui demande de répondre de ses actes.
3. Si un sujet responsable échoue à défendre ce qu'il a fait ou n'a pas fait, il est jugé fautif.

1. A. Duff, *Answering for Crime*, *op. cit.*, chap. I, p. 19-37.

4. On peut alors se demander de quelles conséquences il est passible, par exemple un simple blâme, une amende ou une peine d'emprisonnement[1].

Cette dynamique correspond grosso modo au déroulement d'un procès. Dans la vie courante, certaines étapes se déroulent implicitement : par exemple, il est parfois évident qu'une personne a la capacité requise pour répondre de ses gestes – on n'a pas à se poser la question. Autre différence entre le processus juridique et moral : la dernière étape est souvent moins punitive dans le cas moral. De fait, on ne se demande pas quelle punition on devrait infliger à un ami, mais plutôt si on devrait s'en éloigner (notre estime à son égard peut diminuer). Mais cela ne rend pas le processus juridique plus sérieux : il peut être beaucoup plus douloureux de perdre un ami que d'être mis à l'amende ou même d'être emprisonné quelque temps.

Sans vouloir surcharger ce portrait de la dynamique de la responsabilité, on doit rappeler qu'il y a plusieurs façons de défendre ce qu'on a fait. Une personne peut se défendre en expliquant, comme Georges, pourquoi c'était la bonne chose à faire. C'est une justification. Pour le dire autrement, une personne qui a une justification (pleine et entière) est une personne qui a tout compte fait bien agi, même si elle a probablement enfreint une norme (par exemple la norme qui demande de ne pas enfoncer la porte de son voisin)[2]. Une personne peut également se défendre en expliquant pourquoi son mauvais comportement ne

1. Cela ne veut pas dire qu'il serait absurde d'imposer une sanction à quelqu'un qui n'est pas fautif. Voir C. Michon, *Répondre de soi*, *op. cit.*, p. 31-33.

2. Voir sur ce point M. Baron, « Justifications and Excuses », *Ohio State Journal of Criminal Law*, 2005, n° 2, p. 387-406.

révèle rien de ses valeurs ou de ses dispositions. Georges pourrait ainsi se défendre de s'être parjuré en Cour en expliquant qu'il a agi sous menace de mort. C'est une excuse[1]. Pour le dire autrement, une personne qui a une excuse (pleine et entière) est une personne qui n'a pas fait preuve de mauvaise volonté même en commettant un tort.

Aussi, il semble que les justifications et les excuses puissent être partielles. Le fait que j'agisse par autodéfense est une justification, mais s'il y avait clairement une autre façon d'agir (appeler le gendarme qui était au coin de la rue), ce ne sera qu'une justification partielle. Le fait que j'aie agi sous la menace ou par ignorance expliquera que mon action était moins grave qu'elle l'aurait été autrement. De même, le fait que je sois épuisé peut m'excuser d'être impatient, mais seulement partiellement. Le fait que je sois fatigué explique que mon action ne reflétait pas pleinement mes valeurs ou mon caractère.

Récapitulons les deux sections précédentes : (1) être responsable de quelque chose (au sens qui nous intéresse), c'est devoir en répondre ; (2) répondre de quelque chose, c'est ou bien l'expliquer ou bien, lorsque l'explication est insatisfaisante, l'expier ; (3) lorsqu'on doit répondre de quelque chose, on peut devoir l'expliquer même si on n'est pas fautif : c'est que notre conduite est défendable ; (4) on peut défendre notre action soit en offrant une justification (aucun mal n'a été commis) soit en présentant une excuse (un mal a été commis, mais il ne reflète rien de mal à propos de la personne).

1. Voir à ce sujet, J. L. Austin, « Les excuses (« *A Plea for excuses* ») », trad. fr. R. Franck, *Revue de Métaphysique et de Morale* 72, n° 4, 1967 (1956), p. 414-445 ; P. F. Strawson, « Liberté et ressentiment », dans M. Neuberg (dir.), *La responsabilité – questions philosophiques*, Paris, Puf, 1997, p. 111-140.

LA RESPONSABILITÉ POUR LE BIEN

La responsabilité comme réponse est, selon la définition précédente, le fait de devoir répondre de quelque chose, par exemple d'un événement, d'un état de choses, d'un comportement. Mais la locution « répondre de » est négativement connotée : on ne dirait pas que Simenon doit « répondre » de l'écriture d'un polar bien ficelé ou que Mandela doit « répondre » de la transition vers une Afrique du Sud postapartheid. On n'exige pas du romancier ou du politicien qu'il explique sa prouesse ; et on ne le blâme pas d'avoir réussi, bien sûr. Pourtant, il semble qu'on puisse être responsable de bonnes choses : de comportements bons comme accompagner un ami, d'état de choses bons comme l'élimination d'une maladie, ou d'un événement positif comme une découverte scientifique.

Il est possible que la notion de responsabilité comme réponse ne s'applique à strictement parler qu'au négatif[1]. On pourrait alors soutenir que lorsque nous disons qu'une personne est responsable de quelque chose de bien, nous disons simplement soit qu'elle en est causalement responsable, soit même, très souvent, qu'elle est louable pour cette action.

Si nous tenons à adapter la responsabilité comme réponse aux bonnes actions, alors il faudrait dire qu'être responsable d'une bonne action, c'est non pas devoir en répondre, mais pouvoir le faire au sens d'en avoir le droit. Répondre d'une action positive signifierait d'une part s'en dire l'auteur (ou l'auteur indirect, dans le cas des parents) et en expliquer les motifs ; et d'autre part (si l'action est véritablement bonne), mériter un compliment, une louange

1. C'est ce qu'Austin défendait à propos du volontaire. Voir G. Ryle, *La Notion d'esprit*, trad. fr. S. Stern-Gillet, Paris, Payot, 2005.

ou une récompense. Le volet explicatif reste sensiblement le même ; le volet expiatif s'élargit à la sanction, terme qui s'applique autant au positif qu'au négatif.

NATURE ET CONDITIONS DE LA RESPONSABILITÉ

Il faut bien distinguer les *conditions de la responsabilité* et la *nature* de la responsabilité[1]. Pour illustrer notre propos, prenons le cas de la présidence française. Il est nécessaire de séparer ce qu'est le président de la République française et les conditions à remplir pour le devenir. Pour devenir président de la République, il faut avoir été élu au suffrage universel et que ce résultat soit reconnu dans une cérémonie d'investiture. Mais cela ne nous dit pas ce que *c'est* que la présidence française. Être le président de la France, c'est être à la tête de la branche exécutive du gouvernement français et, de ce fait, avoir un ensemble de devoirs et de pouvoirs.

Il en va de même pour la responsabilité. Pour être responsable d'un geste, il faut l'avoir posé, autrement dit en être l'auteur[2]. Cela implique peut-être que ce geste est le résultat d'un choix libre ; ou encore qu'il reflète nos valeurs ou nos fins. Cette question concerne la *condition* de la responsabilité (ce qu'il faut pour se *rendre* responsable de X). Mais dire que pour être responsable d'un geste il faille en être l'auteur ne nous dit pas ce que *c'est* que la responsabilité. Être responsable d'un geste, c'est, avons-nous dit, devoir en répondre. Voilà la nature

1. C'est aussi ce que fait Cyrille Michon (*Répondre de soi*, *op. cit.*, p. 27-43).

2. Nous reviendrons plus loin sur les cas complexes de responsabilité dérivée, comme la responsabilité à l'égard du comportement de nos enfants et de nos animaux.

de la responsabilité. Ce qui vaut pour la présidence vaut pour la responsabilité.

Cette distinction n'est pas toujours bien prise en compte par les philosophes qui traitent de la responsabilité. À tout le moins, les œuvres de philosophie contemporaine ont tendance à se focaliser sur ses conditions [1].

Bien distinguer les conditions de la responsabilité de sa nature permettra d'éviter certains écueils conceptuels. Il y a en effet de nombreux désaccords sur les conditions de la responsabilité. Par exemple, certains débattent de savoir si être responsable de X requiert d'avoir choisi X ou non. Si l'on définit la responsabilité morale pour X comme le fait d'avoir choisi X, ce débat n'a aucun sens ; il est clos dès le départ. En revanche, si l'on s'entend pour dire qu'être responsable d'un comportement, c'est devoir en répondre, alors on pourra avoir un débat fructueux sur les conditions de ce devoir. Par exemple, on pourra se demander si nous devons répondre de nos oublis (que nous n'avons évidemment pas choisis) ou encore si tout ce dont nous devons répondre c'est de ne pas avoir fait tout en notre pouvoir pour ne pas oublier (comme se mettre une note au calendrier.)

Cela veut-il dire qu'il ne saurait y avoir de désaccord sur la *nature* de la responsabilité ? Pas tout à fait. Il faut en tout cas que le désaccord soit minimal, sans quoi on se retrouverait à parler d'objets différents. Certains définissent la responsabilité comme le fait d'être la cible appropriée d'attitudes réactives comme la gratitude, le

1. Voir, par exemple, M. Talbert, « Moral Responsibility », *The Stanford Encyclopedia of Philosophy*, Edward N. Zalta, U. Nodelman (eds.), 2024.

ressentiment ou la honte[1]. Cette définition a plusieurs désavantages. D'une part, elle ne focalise pas son attention sur l'agent responsable, mais sur ceux qui jugent cet agent. D'autre part, cela a le désavantage de sentimentaliser des pratiques qui sont parfois complètement exemptes de sentiments (dans le droit ou dans les relations sociales). Elle fait également l'impasse sur la demande d'*explication*, qui semble pourtant au cœur du phénomène de l'attribution de la responsabilité. Mais les tenants de cette définition de la responsabilité ne parlent pas d'un autre concept que nous ; ils parlent bien d'une responsabilité rétrospective.

Comme nous l'avons dit, on peut souvent avoir l'impression que les philosophes contemporains qui annonçaient parler de la nature de la responsabilité se sont plutôt penchés sur ses conditions[2]. Cela dit, les conditions de la responsabilité sont un sujet crucial, qui forme l'essentiel de la discussion contemporaine sur la responsabilité individuelle (abordé dans la prochaine section).

Il y a un dernier avantage à distinguer la nature et les conditions de la responsabilité. Comme la nature de la responsabilité pour un acte est définie par le devoir de répondre de cet acte, on peut facilement imaginer que la notion de responsabilité s'applique au collectif. En effet, l'on peut exiger d'un collectif, par la voix de ses

1. Cette approche est souvent attribuée à P. F. Strawson, « Liberté et ressentiment », dans M. Neuberg (dir.), *La responsabilité – questions philosophiques*, *op. cit.* Voir par exemple Michon, *Répondre de soi*, *op. cit.*, qui l'adopte et qui discute de la question de la possible pluralité d'un même concept. Voir aussi M. Talbert, « Moral Responsibility », art. cit.

2. C'est un diagnostic similaire sur la nature de la *connaissance* que pose J. Hyman, *Action, Knowledge, and Will*, *op. cit.*, chap. VIII.

représentants, de répondre des actes du collectif. Cela ne veut bien sûr pas dire que le collectif et ses membres sont coupables ; il se peut qu'ils aient une bonne excuse. Si, en contrepartie, nous avions défini la responsabilité comme le fait d'être la cible appropriée du ressentiment, l'on pourrait douter que cette notion s'applique au collectif. Le ressentiment étant vraisemblablement une émotion que l'on éprouve en réaction à la mauvaise volonté d'autrui[1], il faudrait attribuer une mauvaise volonté au groupe lui-même (ce qui n'est pas absurde, mais qui présente des difficultés). De même, si nous avions défini la responsabilité pour une action comme le fait de l'avoir produite volontairement, il serait plus controversé d'appliquer la responsabilité au collectif. En effet, cela nous obligerait encore une fois à accepter un équivalent collectif des états mentaux.

En guise de conclusion provisoire, il nous semble nécessaire de faire le pari que la meilleure manière de concevoir la responsabilité morale pour quelque chose est de la penser comme devoir d'en répondre. Cette thèse, il faut l'avouer, n'est pas très courante dans la littérature scientifique sur la responsabilité[2]. Faire ce pari, c'est accepter une notion pleinement éthique et non métaphysique (même si elle a sans doute des conditions métaphysiques), distincte de la responsabilité causale. Mais c'est aussi distinguer nettement la responsabilité de la culpabilité et de la blâmabilité. Par exemple, une personne

1. Voir P. F. Strawson, « Liberté et ressentiment », dans M. Neuberg (dir.), *La responsabilité – questions philosophiques*, *op. cit.*

2. Il y a bien sûr quelques exceptions. Voir, par exemple, J. Hyman et M. Kiener, « Strict Moral Answerability », *Ethics*, 134, n° 3, 2024 ; A. M. Smith, « Responsibility as Answerability », art. cit. ; A. Duff, *Answering for Crime*, *op. cit.*

qui, sous la contrainte, s'est parjurée, n'est pas blâmable, mais elle est responsable de parjure. Pour cette raison, elle nous doit des explications, même si sa faute apparaît évidemment excusable. Cette notion de responsabilité fait donc ressortir le caractère *conversationnel* de la responsabilité. Être une personne responsable (dans le sens de la capacité), c'est être en conversation avec les autres membres de la communauté humaine[1].

1. Nous renvoyons sur ce point le lecteur au livre de M. McKenna, *Conversation and Responsibility*, Oxford, Oxford University Press, 2012.

RESPONSABILITÉ ET MÉTAPHYSIQUE

LE DÉFI SCEPTIQUE

Dans ce qui précède, nous avons distingué plusieurs sens de la responsabilité morale, des sens non seulement théorisés par des philosophes et des juristes, mais aussi utilisés dans la vie courante. « Responsabilité » peut renvoyer à un devoir que nous avons parce que nous occupons un rôle (parent, professeur, ami) ou plus généralement en tant que personne ; à la capacité d'avoir ces devoirs (ce qu'ont tous les *adultes responsables*) ; à la vertu de les remplir effectivement (ce qu'ont toutes les *personnes responsables*) ; enfin, au devoir de répondre de ses actes. Il est remarquable que, malgré cette polysémie, philosophes et non-philosophes emploient le vocabulaire de la responsabilité avec aisance. Cet ensemble conceptuel semble ancré du moins en nous sinon dans notre langage commun, mais est-il adéquat ? Pour le dire plus crument, la responsabilité humaine, en particulier la responsabilité comme réponse, est-elle un mythe qui ne résiste pas à l'analyse philosophique ?

C'est ce que prétendent les *sceptiques* de la responsabilité morale, qui en réalité pourraient être appelés *éliminativistes*. Les sceptiques ont une doctrine sérieuse, qui dépasse la simple posture intellectuelle. En ce sens, le scepticisme n'a pas seulement une portée critique, mais aussi un volet pratique : les sceptiques appellent à réformer nos mœurs et nos institutions, en tentant d'en *éliminer* toute référence à la responsabilité et en nous exhortant pour cette raison à abandonner dans nos pratiques sociales les différentes formes du blâme et de la punition[1].

Ces propositions sceptiques sont faites sur la base d'arguments puissants, lesquels peuvent être résumés aisément par ce genre de questions : comment pourrions-nous être responsables de nos actions puisqu'elles proviennent ultimement de ce dont nous ne sommes pas responsables ? comment pourrions-nous être responsables puisque nous sommes des créatures faites d'atomes qui habitons un monde dont les lois physiques en régissent les moindres déplacements ? Plusieurs sceptiques de la responsabilité critiquent la notion de *libre arbitre* ou de *libre volonté*, le pouvoir de choisir librement. Ils ne nient pas que nous *agissions* librement puisque, en général, nous faisons ce que nous voulons ou, pour le dire autrement, nous agissons conformément à notre volonté. Mais ils soutiennent que notre volonté elle-même n'est pas libre.

Ces remarques sceptiques sembleront à certains former de pures spéculations métaphysiques dont il serait préférable de faire l'économie à qui s'intéresse aux questions concrètes de responsabilité. On pourrait croire en effet qu'il n'y a nul besoin de lancer une enquête philosophique complexe pour remarquer qu'à certains moments nous sommes responsables et qu'à d'autres

1. Voir, par exemple, A. Schopenhauer, *Essai sur le libre arbitre*, trad. fr. S. Reinach, Paris, Germer Baillières, 1880 ; Spinoza, *Éthique*, trad. fr. R. Misrahi, Paris, Éditions de l'éclat, 2005 ; D. Pereboom, *Free Will, Agency, and Meaning in Life*, Oxford, Oxford University Press, 2014 ; B. N. Waller, *Against Moral Responsibility*, Cambridge (Mass.), The MIT Press, 2011.

nous ne le sommes pas. C'est d'ailleurs un peu ce que fait Aristote lorsque, dans sa réflexion sur le volontaire, il suppose d'emblée que certaines actions peuvent encourir l'éloge ou le blâme et d'autres non.

Il y a une réaction voisine, assez fréquente dans la tradition postkantienne, de même que dans la philosophie politique qui s'en inspire[1], qui consiste à soutenir que les problèmes soulevés par les arguments sceptiques sont des problèmes théoriques (ou de métaphysique), qu'on doit ignorer en adoptant une posture pratique (ou critique). Pour le dire à grands traits : si le libre arbitre n'existait pas, on l'inventerait – nul besoin alors de se demander s'il existe. On pourrait décréter que nous sommes libres parce que cela est nécessaire à notre vie pratique, par exemple aux relations interpersonnelles[2] ou à la délibération[3].

Cela étant, à supposer même que l'on juge étrange de nier l'existence de la responsabilité, prendre au sérieux la critique sceptique demeure une entreprise nécessaire et fructueuse. Entreprise nécessaire, car les sceptiques nous donnent des arguments logiquement valides dont les prémisses sont attrayantes. Il ne suffit pas de dire qu'ils « font de la métaphysique ». En effet, si nous

1. J. Rawls, « Kantian constructivism in moral theory », *The Journal of Philosophy* 77, nº 9, 1980, p. 515-572 ; P. Hieronymi, *Freedom, Resentment, and the Metaphysics of Morals*, Princeton (NJ), Princeton University Press, 2020.

2. Voir P. F. Strawson, « Liberté et ressentiment », dans M. Neuberg (dir.), *La responsabilité – questions philosophiques*, *op. cit.*

3. Voir D. Nelkin, *Making Sense of Freedom and Responsibility*, Oxford, Oxford University Press, 2011, chap. VII-VIII ; S.-P. Chevarie-Cossette, « Sceptical Deliberations », *Pacific Philosophical Quarterly* 101, nº 3, 2020, p. 383-408, S.-P. Chevarie-Cossette, « Deliberation and the Possibility of Skepticism », *in* M. Kiener (ed.), *The Routledge Handbook of Moral Responsibility*, London, Routledge, 2023.

voulons rejeter le scepticisme, il nous faut impérativement rejeter l'une de ses prémisses. Entreprise fructueuse, car c'est précisément en rejetant l'une ou l'autre des prémisses sceptiques que l'on fait des découvertes sur la responsabilité morale. Cela donne de bonnes bases pour se poser des questions aussi concrètes que « puis-je être responsable de mes oublis ? », « est-ce qu'un adolescent précoce peut être considéré comme responsable ? » ou « est-ce que la fatigue peut être une excuse ? ». Bref, en explorant pourquoi la responsabilité morale peut exister, on saisit mieux les circonstances de son existence. C'est donc avec l'esprit tourné vers la responsabilité que nous menons notre enquête sur le libre arbitre et le déterminisme.

LE PROBLÈME DU DÉTERMINISME

Pour être responsables, au sens du devoir de répondre, nous devons normalement en être la cause. Nous répondons au fond de notre conduite, même si bien sûr nous parfois nous avons le devoir de corriger des problèmes causés par d'autres[1]. Mais il semble que la responsabilité requiert

1. Ne devons-nous pas parfois répondre de la conduite d'autrui ? En un sens, nous sommes responsables de la conduite de créatures non responsables dont nous avons la charge, comme un chien ou un enfant. Sans entrer dans les détails, nous pouvons analyser ces cas différemment. D'abord, lorsque notre chien blesse un voisin, nous répondons toujours de *notre conduite* – à savoir ne pas le tenir en laisse – et de ses conséquences – à savoir la blessure du voisin. Dans ce cas, notre responsabilité pour l'action du chien n'est pas fondamentalement différente de notre responsabilité pour l'action d'un objet, comme une cuisinière à gaz qui aurait causé un incendie : elle est indirecte. Ensuite, il arrive qu'un parent accompagne son adolescent dans la responsabilité : il aide l'enfant à fournir une explication de ses motifs, et s'engage à veiller à ce qu'il respecte ce qu'il promet pour l'avenir. Mais c'est l'enfant qui est d'abord responsable (moralement).

davantage : il faut que notre conduite relève de nous, c'est-à-dire qu'elle soit sous notre contrôle ou qu'elle dépende de notre choix.

Y a-t-il quoi que ce soit qui dépende véritablement de notre choix ou qui soit sous notre contrôle ? Pour être responsables d'une action, nous avons dit que nous devons en être la cause. Nous pouvons alors avoir l'impression que cette chaîne causale commence avec nous. Mais cela semble être une illusion : si nous choisissons telle ou telle option, c'est bien à cause de quelque chose qui est arrivé auparavant et qu'ultimement nous n'avons pas choisi. Pour le dire autrement, en remontant la chaîne causale, on tombe forcément sur quelque chose qu'on ne peut pas avoir contrôlé, par exemple le choix de nos parents de nous envoyer dans telle ou telle école ou le développement de notre microbiote digestif à la naissance. Chaque événement du monde serait donc ultimement déterminé par quelque chose qui échappe à notre contrôle, qu'il s'agisse d'un Dieu providentiel, d'un certain destin, de notre biologie ou encore des lois de la physique. Autrement dit, la moindre de nos actions serait la conséquence nécessaire de ce qui échappe à notre choix. C'est donc à tort que nous croyons avoir le choix entre la vanille et la pistache, entre la ville et la campagne, entre Jules et Jim.

L'idée du déterminisme vient de loin. Les Stoïciens, dont Zénon et Chrysippe, adhéraient à la thèse selon laquelle le monde était organisé par Zeus de telle sorte que chacun de nous avait une place, un rôle, inéluctable :

> Quand un chien est attaché à une charrette, s'il veut la suivre, il est tiré et il la suit, faisant coïncider son acte spontané avec la nécessité ; mais s'il ne veut pas la suivre, il y sera contraint de toute façon. De même en

> est-il avec les hommes : même s'ils ne le veulent pas, ils seront de toute façon contraints de suivre leur destin[1].

Or, malgré la distance, de la doctrine stoïcienne au *déterminisme physique* discuté dans la philosophie contemporaine, il n'y a qu'un pas. Il n'y a qu'à supprimer Zeus de l'équation et à postuler que ce sont les lois de la nature qui font le travail. Positivement, le déterminisme physique dit que les lois de la nature et le passé déterminent entièrement le futur, jusqu'au moindre mouvement de nos doigts[2]. Mais « déterminent » dans quel sens ? Une description complète du passé et des lois de la nature *implique nécessairement* une description complète du futur[3].

Les logiciels informatiques présentent une bonne analogie du déterminisme. Si vous entrez des données, des *inputs*, dans le logiciel, celui-ci produira des *outputs*. Ces *outputs* sont déterminés par la conjonction de vos *inputs* et du logiciel lui-même. Si les mêmes *inputs* étaient

1. A. A. Long, D. N. Sedley, *Les philosophes hellénistiques*, trad. fr. J. Brunschwig et P. Pellegrin, vol. II, *Les stoïciens*, Paris, GF-Flammarion, p. 475, 62a.

2. Plus précisément, pour chaque instant (ou groupe d'instants), il y a une proposition qui exprime l'état du monde à cet instant et si P et Q sont des propositions qui expriment l'état du monde à deux instants distincts, la conjonction de P et des lois de la physique implique Q. À strictement parler, le futur détermine donc autant le passé que l'inverse. Voir K. Vihvelin, *Causes, Laws, and Free Will : Why Determinism Doesn't Matter*, Oxford, Oxford University Press, 2013.

3. On peut ainsi aisément définir le déterminisme dans d'autres domaines. Par exemple, le déterminisme social dit que la conduite des individus à un moment donné est déterminée par leur statut ou classe sociale, ainsi que par de supposées lois sociales. Le déterminisme historique dit que la conduite des sociétés est déterminée par leur état général (comme leur niveau technologique), ainsi que par de supposées lois historiques.

ajoutés à un logiciel identique, on aurait le même résultat. Selon le déterminisme physique, il en irait à peu près de même du monde. Ce qui y joue le rôle du logiciel sont les lois de la nature comme la loi de la relativité générale et ce qui joue le rôle d'input est l'état du monde initial. Si un dieu créait un deuxième monde avec les mêmes inputs initiaux et les mêmes lois de la nature, tout se déroulerait exactement de la même façon. De même, si un dieu rembobinait le monde et le remettait en marche, son histoire se déroulerait exactement de la même façon. L'issue de notre vie serait aussi déterminée d'avance que la fin d'un film déjà enregistré.

Le déterminisme physique supprime-t-il la responsabilité ? Pas par définition. Même si elle n'est pas la plus intuitive, la thèse selon laquelle la responsabilité est compatible avec le déterminisme, une thèse qu'on appelle le *compatibilisme*, a été non seulement défendue par un ensemble varié de philosophes du passé (les Stoïciens, Hobbes, Hume, Leibniz, Mill, Ayer, Strawson), mais c'est de loin la thèse la plus populaire sur la question parmi les philosophes encore aujourd'hui[1].

Cela dit, il y a un argument assez intuitif qui entend montrer que le déterminisme est une vraie menace pour la responsabilité :

L'argument déterministe

P1 Le déterminisme est vrai.

P2 Si le déterminisme est vrai nous n'avons jamais plusieurs options parmi lesquelles choisir.

1. C'est d'ailleurs la thèse la plus populaire parmi les philosophes selon l'enquête 2021 du *PhilPapers Survey*. Sur 648 philosophes sondés, 407 se disent compatibilistes.

P3 Si nous n'avons jamais plusieurs options parmi lesquelles choisir, nous ne sommes pas responsables de notre conduite.

C Donc, nous ne sommes pas responsables de notre conduite.

La notion de libre arbitre n'apparaît pas à strictement parler dans l'argument, mais un défenseur de l'argument pourrait insister sur le fait que si nous n'avons jamais plusieurs options, nous n'avons pas le pouvoir de choisir librement, c'est-à-dire de libre arbitre ; et que sans libre arbitre, nous ne sommes pas responsables.

Trois réponses au problème du déterminisme

Ayant trois prémisses, l'argument déterministe précédent invite à trois réponses principales, chacune rejetant une prémisse.

Rejeter le déterminisme

La première manière de défendre le libre arbitre, la plus intuitive, c'est de tenter de montrer que le déterminisme est faux. C'est ce que défend le *libertarien*[1]. Cette position peut sembler séduisante au départ étant donné que la thèse déterministe est de toute façon controversée, voire peu populaire aujourd'hui auprès des physiciens. Le développement de la mécanique quantique marque en effet l'entrée de *probabilités objectives* dans le tissu du monde. Il n'y aurait alors pas de lois qui *détermineraient* exactement chacun des événements microphysiques du

1. Voir, par exemple, P. van Inwagen, *Essai sur le libre arbitre*, trad. fr. C. Michon, Paris, Vrin, 2017 ; C. Michon, *Répondre de soi*, *op. cit.*

monde. Ce genre de possibilité peut-elle sauver le libre arbitre ? C'est déjà ce que proposaient Épicure et Lucrèce lorsqu'ils ajoutaient au monde matériel une « légère déviation des atomes[1] » pour sauvegarder la liberté.

Qu'elle soit présentée dans sa version quantique ou épicurienne, cette idée ne fait que repousser le problème. En effet, comment l'indétermination pourrait-elle contribuer à notre liberté ? Elle semble au mieux ajouter du *hasard*. Le défi déterministe prend donc la forme d'une disjonction : soit le déterminisme est vrai, auquel cas nous ne sommes pas libres, soit il est faux, auquel cas il y a seulement du hasard en plus ; mais ce hasard ne nous rend pas plus libres ; donc, dans tous les cas, nous ne sommes pas libres. David Hume a soulevé ce problème bien avant l'avènement de la physique quantique ; il en est venu à suggérer que le hasard étant une entrave à la liberté, le déterminisme est non seulement compatible avec la responsabilité, mais il lui est *nécessaire* (*Traité*, 2.3. 2.6/411 ; *Enquête*, 8.31/99).

Les libertariens ont coutume de répondre à ce défi en rappelant d'abord que le hasard ne supprime pas la responsabilité. Prenons un tueur à gage dont le pistolet s'enraye parfois sans raison. Ce qui détermine si le tueur tue est entre autres dû au hasard, mais cela ne change rien à sa responsabilité[2]. De même, un automobiliste négligent qui emportière un cycliste est malchanceux par rapport à un second automobiliste qui fait preuve de la même négligence en ouvrant la porte de sa voiture,

1. Lucrèce, *De la nature des choses*, II, 280-300 trad. fr. J. Kany-Turpin, Paris, GF-Flammarion, 1998, p. 131.

2. L'exemple vient de R. Kane, « On free will, responsibility and indeterminism : Responses to Clarke, Haji, and Mele », *Philosophical Explorations*, 2, n° 2, p. 113.

mais sans blesser quiconque. La chance est pourtant ce qui distingue le premier, *responsable d'une blessure*, du second, simplement responsable *d'avoir été imprudent*. Qu'à cela ne tienne, cette remarque n'explique pas bien en quoi supprimer le déterminisme permet d'ajouter plus que du hasard ; elle ne fait que montrer que le hasard ne supprime pas la responsabilité.

Un deuxième problème des libertariens, c'est qu'ils semblent outrepasser les limites de notre connaissance. En effet, ils présentent une doctrine qui repose sur l'idée que le déterminisme est faux. Mais comment pourraient-ils savoir que le déterminisme est faux ? Ce n'est certainement pas à eux de le dire – c'est plutôt une thèse qui concerne les physiciens ou les philosophes de la physique. Peut-être peuvent-ils se contenter de faire le *pari* que le libertarianisme est vrai. Mais la question de la responsabilité est trop sérieuse pour faire l'objet d'un tel pari – avant d'emprisonner ou de punir quelqu'un, nous voulons *savoir* s'il est responsable.

Les libertariens répondent souvent à ce point en invoquant une connaissance introspective de notre liberté ou une connaissance du sens commun de notre responsabilité[1]. Ces réponses soulignent très justement que les sciences empiriques ne sauraient être les seules sources de connaissance (par quelle science empirique connaîtrions-nous *cette thèse* ?). Mais elles ont pour conséquence troublante que nous puissions, à partir de

1. Voir J.-B. Guillon, « Épistémologie de la causalité agentive », dans J.-B. Guillon (dir.), *Le libre arbitre : Perspectives contemporaines*, Paris, Collège de France, 2017. La question se complexifie dès lors qu'on s'intéresse à ce que nous pouvons déduire de notre connaissance de notre responsabilité.

notre expérience ordinaire, discréditer une hypothèse philosophico-scientifique sérieuse[1].

Rejeter le prérequis des options multiples

Face à ce genre de difficultés, il est tentant d'emprunter une voie théoriquement plus modeste, déjà tracée par les Stoïciens. Il s'agit d'accepter que le déterminisme soit vrai et qu'il nous prive du pouvoir de choisir parmi plusieurs options, mais d'insister sur le fait que nous demeurons libres malgré tout. Comme le soulevaient Chrysippe et Zénon, nous pouvons toujours consentir à notre destin. C'est cette liberté modeste qui nous rendrait responsables.

Si cette idée ne paraît pas particulièrement attrayante au premier abord, c'est peut-être qu'elle n'est pas présentée sous son meilleur jour par Chrysippe et Zénon. D'une part, si nous n'avons pas d'options, nous n'avons pas le choix de consentir ou non à notre destin. D'autre part, consentir à un rôle pré-assigné semble la parfaite antithèse de la liberté. Se plier à la contrainte ne la fait pas disparaître[2].

Deux figures philosophiques majeures ont contribué à rendre l'idée d'une responsabilité plus modeste, sans options multiples, véritablement attrayante. Il y a tout d'abord David Hume qui, dans son *Traité de la nature humaine* (1739, partie 3, section 2), présente une solution au problème déterministe. La stratégie de Hume consiste à distinguer deux sortes de liberté, à montrer que l'une d'elles est compatible avec le déterminisme et à soutenir que seule cette sorte de liberté est importante. D'un côté, la liberté

1. Voir sur le sujet S.-P. Chevarie-Cossette, « Knowing about Responsibility : A Trilemma », *American Philosophical Quarterly* 58, nº 3, 2021, p. 201-215.

2. On peut soulever des problèmes similaires dans la doctrine de Spinoza.

comme *indifférence* s'oppose à la « nécessité », autrement dit au déterminisme. C'est la liberté de choisir entre plusieurs options. Mais cette liberté n'a pas de pertinence morale pour Hume. D'un autre côté, la liberté comme *spontanéité* s'oppose à la violence ou à la contrainte. C'est la liberté d'agir conformément à ce que l'on veut, liberté qui est compatible avec le déterminisme. Autrement dit, nous avons la liberté de spontanéité lorsque notre volonté est la source de notre conduite. C'est pourquoi on dit que Hume est un *compatibiliste de la source*.

Dans les *Essais*, Hume décrit cette liberté de spontanéité comme une « liberté hypothétique »[1]. Quand suis-je libre de faire ce que je veux, par exemple lever le bras ? Je suis libre de lever le bras lorsqu'il est vrai que *si* j'avais voulu lever le bras, j'aurais pu le faire, et *si* j'avais voulu ne pas le lever j'aurais pu ne pas le faire.

La solution hypothétique est élégante, mais elle reste insatisfaisante. D'une part, comme le note A.J. Ayer dans « Liberté et nécessité[2] », il arrive que nous fassions ce que nous voulons mais que ce que nous voulons nous soit comme imposé. Par exemple, un kleptomane a la liberté comme spontanéité (la liberté conditionnelle) quand il vole puisqu'il fait ce qu'il veut. Pourtant il n'est pas évident qu'il soit véritablement libre.

1. D. Hume, *Essai sur l'entendement humain*, trad. fr. M. Malherbe, Paris, Vrin, 2016, section VIII, p. 251. Ce passage est parfois interprété non pas comme une description de la liberté comme spontanéité, mais comme une révision de la liberté comme indifférence. *Cf.* P. Russell, « Hume on Free Will », *The Stanford Encyclopedia of Philosophy*, Edward N. Zalta (ed.), Automne 2021.

2. A. J. Ayer, « Freedom and Necessity », *Philosophical Essays*, Oxford, Oxford University Press, 1954.

D'autre part, comme le note Bernard Williams[1], la liberté en question n'est pas celle qui s'oppose à la contrainte. En effet, la contrainte ne supprime pas les options ; elle en change la valeur. Aussi, la contrainte ne nous fait pas forcément perdre tous nos moyens : nous pouvons soupeser la force de la contrainte, déterminer s'il nous faut y résister. Pourquoi notre responsabilité serait-elle diminuée, sachant que nous pouvons délibérer ainsi ? Williams rappelle un exemple d'Aristote : des marins qui jettent leur cargaison en pleine mer au cours d'une tempête le font par contrainte, mais ils n'en sont pas moins responsables de leur action. Ils sont responsables d'avoir jeté leur cargaison, mais c'était la bonne décision puisqu'autrement ils auraient chaviré.

La deuxième figure majeure qui a donné un élan à l'idée de responsabilité sans options multiples (« *alternate possibilities* »), c'est Harry Frankfurt, d'abord dans un article de 1969[2]. Frankfurt croit, comme Hume, qu'il n'est pas nécessaire d'avoir plusieurs options pour être responsable de sa conduite. Et, comme lui, il croit que ce qui compte pour la responsabilité pour quelque chose, c'est sa source. Rien au-delà de ce qui contribue à la production de l'action (et de la nature des conséquences) n'est pertinent pour la responsabilité. Qu'importe, en effet, que l'agent *ait pu* faire ceci ou cela ; ce qui compte, c'est *pourquoi* il a agi dans les faits, c'est sa source. Frankfurt est aussi un compatibiliste de la source.

1. B. Williams, *Making Sense of Humanity : And Other Philosophical Papers*, Cambridge, Cambridge University Press, 1995.

2. H. Frankfurt, « Partis contraires et responsabilité morale », dans M. Neuberg (éd.), *La responsabilité – questions philosophiques*, Paris, Puf, 1997, p. 55-64.

Imaginons, nous dit Frankfurt, que nous n'ayons qu'une seule option, mais que nous croyions à tort en avoir plusieurs. Dans ce cas, le fait que nous n'avons qu'une seule option ne contribue pas à la production de notre action ; elle ne change rien à nos raisons et donc à la source de notre comportement. Comme la responsabilité pour X ne dépend que de la source de X, le fait que nous n'avions qu'une option ne nous empêche pas d'être responsables. Voici un cas plus précis :

> Alexandre voudrait que Sarah commette un vol de banque. Il sait qu'elle en a l'intention, mais pour s'assurer qu'elle le fasse, il place une puce dans son cerveau. Si Sarah s'apprête à se rétracter, la puce s'allumera et la forcera à agir comme Alexandre le souhaite. Finalement, Sarah décide d'elle-même de voler la banque et la puce n'est jamais activée[1].

Sarah est responsable du vol, même si celui-ci est inévitable. Si Sarah avait décidé (ou même essayé de décider) autrement, la puce se serait activée et elle aurait commis le vol. Le fait qu'Alexandre rende l'action de Sarah inévitable n'a aucun rôle causal et donc aucun rôle moral : la puce ne change pas la source de l'action de Sarah ; elle agit d'elle-même. On ne peut donc absoudre Sarah de son geste du fait qu'il était inévitable. On notera d'ailleurs que Sarah semble également *choisir librement* : le choix n'implique donc pas, pour Frankfurt, l'existence d'options (il suffit d'avoir l'impression d'en avoir).

Le scénario que Frankfurt propose n'est pas sans problèmes. La plupart des philosophes qui se sont opposés

1. Tiré de S.-P. Chevarie-Cossette, « Responsabilité morale (A) », art. cit.

à Frankfurt l'ont fait en tentant de montrer que Sarah conserve une marge de manœuvre. Selon une première critique[1], Sarah a des options plus « fines » qui la rendent responsables : par exemple, elle a l'option *d'essayer de changer d'idée* ou encore elle a l'option de *ne pas commettre un vol de banque de manière sans influence extérieure*. Les partisans de la thèse de Frankfurt concèdent que Sarah a de telles options, mais ils pensent qu'elles sont trop subtiles pour être moralement pertinentes ; ce ne sont que des « lueurs de liberté[2] ». Une deuxième critique insiste plutôt sur le fait que Sarah pouvait simplement *ne rien faire*[3]. Elle pouvait ne rien faire parce que si la puce s'était activée, Sarah n'aurait pas agi bien que son corps ait été déplacé. Autrement dit, Sarah avait deux options : *braquer la banque* ou *ne pas braquer la banque* (en étant déplacée par la puce). À cela les partisans de la thèse de Frankfurt opposent l'idée que la puce aurait pu activer chez Sarah un désir irrésistible.

Quoi que l'on dise des scénarios de science-fiction imaginés par Frankfurt, son idée de départ (très près de la thèse humienne), selon laquelle ce qui compte pour la responsabilité est seulement ce qui contribue à causer

1. Voir C. Ginet, « In Defense of the Principle of Alternative Possibilities : Why I Don't Find Frankfurt's Argument Convincing », *Philosophical Perspectives* 10, 1996, p. 403-417 ; J. A. Capes, « Action, Responsibility and the Ability to Do Otherwise », *Philosophical Studies* 158, n° 1, 2012 p. 1-15.

2. J. M. Fischer, *The Metaphysics of Free Will : An Essay on Control*, Oxford, Blackwell, 1994.

3. M. Alvarez, « Actions, Thought-Experiments and the "Principle of alternate possibilities" », *Australasian Journal of Philosophy* 87, n° 1, 2009, p. 61-81 ; H. Steward, « Fairness, Agency and the Flicker of Freedom », *Noûs* 43, n° 1, 2009, p. 64-93.

l'action, sa source, demeure attrayante[1]. En effet, si un facteur n'a aucun rôle causal, il semble difficile de lui attribuer un rôle moral.

Une fois que l'on rejette l'idée que la responsabilité requiert une pluralité d'options, il faut trouver une solution de rechange. En effet, il faut bien qu'il y ait quelque chose qui distingue, d'une part, les enfants et les personnes atteintes de démence et, d'autre part, les adultes en bonne santé mentale[2]. Qu'est-ce qui alors vient remplacer ces options multiples chez Frankfurt et ses partisans ? Deux tendances se dessinent. D'un côté, le concept clef est celui de *moi authentique* ; de l'autre, celui de *raison*.

Les théories de la responsabilité du moi authentique affirment que nous sommes responsables d'actions qui expriment ce que nous sommes, notamment nos valeurs[3]. Frankfurt lui-même lance le bal[4], en utilisant la notion de désirs. Toute *personne* non seulement désire certaines choses dans le monde (désirs de premier ordre), mais désire avoir certains désirs (désir de second ordre). Ainsi, nous pouvons désirer manger une glace ou lire un livre, mais

1. Voir par exemple S.-P. Chevarie-Cossette, « Excuses and Alternatives », *Canadian Journal of Philosophy* 51, n° 1, 2021, p. 1-16 ; H. G. Frankfurt, « Reply to John Martin Fischer », *in* S. Buss, L. Overton (eds.), *Contours of Agency : Essays on Themes from Harry Frankfurt*, Cambridge (Mass.), The MIT Press, 2002.

2. Voir P. F. Strawson, « Liberté et ressentiment », dans M. Neuberg (dir.), *La responsabilité – questions philosophiques*, *op. cit.*

3. G. Watson, « Free Agency », *The Journal of Philosophy* 72, n° 8 1975, p. 205-20 ; Ch. Taylor, « Responsibility for Self », *in* A. Oksenberg Rorty (ed.), *The Identities of Persons*, Berkeley (CA), University of California Press, 1976, p. 281-299.

4. H. G. Frankfurt, « La liberté de la volonté et la notion de personne », dans M. Neuberg (éd.), *Théorie de l'action : textes majeurs de la philosophie analytique de l'action*, Bruxelles, Mardaga, 1991, p. 253-270.

nous pouvons aussi désirer ne pas désirer manger une glace ou désirer désirer lire un livre. C'est la structure de nos désirs qui nous rend responsables, selon Frankfurt : nous sommes responsables lorsque nous agissons en conformité avec un désir que nous désirons avoir.

La difficulté avec ce genre d'approche est évidente : il y a un danger d'être trop libéral et de considérer que dès qu'un désir qu'on n'aime pas avoir nous fait agir, nous ne sommes pas responsables de notre action. Mais cela voudrait dire que la responsabilité pour les actes immoraux serait, à toute fin pratique, limitée aux rares cas où nous serions méchants volontairement (s'ils existent, comme en doutait Socrate dans le *Gorgias*).

Ce genre de problèmes a mené plusieurs philosophes, dont John Fischer, à substituer la notion de raison à celle de désir. Comme Frankfurt, ces philosophes acceptent que ce qui compte pour la responsabilité est la cause de l'action. La liberté nécessaire à la responsabilité serait celle de *guider* son action et non celle d'avoir pu en choisir une autre[1]. Or, ce qui fait que nous guidons notre action, c'est qu'elle est produite par un mécanisme qui est *sensible aux raisons*. Un mécanisme est sensible aux raisons lorsque 1) il est suffisamment réceptif à des raisons, c'est-à-dire qu'il permet de les comprendre ; 2) il est suffisamment réactif aux raisons, c'est-à-dire qu'il permet d'agir à cause d'elles[2].

1. J. M. Fischer, *The Metaphysics of Free Will*, Oxford, Blackwell, 1994, p. 131-59 ; J. M. Fischer, M. Ravizza, *Responsibility and Control : A Theory of Moral Responsibility*, Cambridge, Cambridge University Press, 1998.

2. J. M. Fischer, M. Ravizza, « Responsibility and Inevitability », *Ethics* 101, n° 2, 1991, p. 242-243.

Illustrons cette théorie par le cas de Frankfurt considéré précédemment. On se rappelle que si Sarah décide, ou commence à décider, de faire autrement, un implant cérébral s'activera et Sarah commettra un vol de banque. Sarah ne considère jamais d'agir autrement et s'exécute. Le mécanisme qui a produit son action inclut son système de valeurs, son raisonnement, ses bras, etc. Est-ce que ce mécanisme est sensible aux raisons ? Oui, puisqu'il est réceptif et réactif aux raisons. Il est *réceptif* aux raisons puisque Sarah est capable de comprendre les raisons qui militent en faveur d'une action ou d'une autre. Par exemple, Sarah peut comprendre que braquer une banque est interdit. Et son mécanisme est réactif aux raisons puisque dans des situations similaires (incluant des cas où Sarah n'a pas de puce dans le cerveau), Sarah pourrait réagir aux raisons qu'elle comprend. Par exemple, elle pourrait ajourner ses projets, ayant réalisé que des policiers surveillaient la banque. Donc Sarah est responsable.

Défendre la pluralité des options malgré le déterminisme

L'approche de Hume et de Frankfurt développée par Wolf et Fischer peut sembler la plus prudente : en effet, ne vaut-il pas mieux, pour défendre la responsabilité, « voyager métaphysiquement léger », sans présumer que nous avons une pluralité d'options ? À vrai dire, nous ne sommes pas convaincus qu'il s'agisse de la meilleure option. En effet, il y a un puissant argument qui montre qu'on ne peut pas si aisément se débarrasser du prérequis de pluralité des options. Il est exprimé par une simple question de David Widerker : supposons que je sois responsable de l'inévitable, il semble que je puisse, pour me défendre, demander « qu'aurais-je dû faire à la place ? ». Si ce que j'ai fait est véritablement inévitable, on voit mal comment un accusateur pourrait me répondre convenablement. À l'impossible nul n'est tenu.

Cette idée a été présentée sous la forme d'un argument plus général, entre autres par Dana Nelkin[1] :

L'argument du devoir

Si un sujet est coupable d'avoir fait A alors il avait le devoir de ne pas faire A.
Si un sujet avait le devoir de ne pas faire A, il pouvait ne pas faire A.
Donc, si un sujet est coupable d'avoir fait A, il pouvait ne pas faire A.

En un mot : culpabilité implique devoir ; devoir implique pouvoir ; donc, culpabilité implique pouvoir. Bien sûr l'argument concerne la culpabilité et non la responsabilité dans son ensemble, mais il demeure troublant pour qui croyait pouvoir conserver la responsabilité sans la capacité de choisir parmi une pluralité d'options.

Cet argument joue en partie sur un lien que nous avons observé plus tôt (chapitre I) entre différents sens de la responsabilité. Lorsque nous sommes responsables d'une action mauvaise (que nous devons en répondre), c'est bien que nous n'avons pas rempli nos responsabilités (que nous avons enfreint notre devoir). « Je vous tiens pour responsable de la mort de X, mais vous avez fait tout ce que vous deviez faire » ou encore « Vous êtes coupables de ce meurtre, mais vous avez rempli vos responsabilités » sont des affirmations saugrenues. Cela nous donne une raison forte d'accepter le principe de « culpabilité implique

1. Voir D. Nelkin, *Making Sense of Freedom and Responsibility*, *op. cit.*, chap. V.

devoir » : si le principe est vrai, ces affirmations sont contradictoires. Le principe explique donc leur caractère saugrenu.

Cela nous ramène-t-il dans les bras du libertarien ? Pas forcément puisqu'il nous reste une option, à savoir nier :

P2 Si le déterminisme est vrai nous n'avons jamais plusieurs options parmi lesquelles choisir.

Cette dernière option peut au premier abord paraître désespérée, mais elle a été défendue très sérieusement[1]. L'important, pour bien la saisir, est de comprendre ce que n'est *pas* le déterminisme.

Il faut revenir un instant sur la parabole stoïcienne du chien qui consent à suivre la caravane. Le langage utilisé par les Stoïciens pour décrire le destin invite à une confusion qui règne encore aujourd'hui à propos du déterminisme. Les Stoïciens croyaient bien sûr que tout était déterminé et que cela avait à voir avec l'organisation du monde par Zeus. Mais ils ne soutenaient pas la thèse selon laquelle tout ce qui nous arrive est inévitable *quoi que l'on fasse* (contrairement au chien de la parabole).

Pour le voir, il faut examiner un argument qu'on leur opposait, à tort :

> Si c'est votre destin de guérir de cette maladie, que vous fassiez ou non venir le médecin, vous en guérirez. Pareillement, si c'est votre destin de ne pas guérir de cette maladie, que vous fassiez ou non venir le médecin, vous n'en guérirez pas. Et l'un des deux est votre destin. Donc il ne sert à rien de faire venir le médecin[2].

1. Voir entre autres D. Lewis, « Are We Free to Break the Laws ? », *Theoria* 47, n° 3, 1981, p. 113-121 ; K. Vihvelin, *Causes, Laws, and Free Will*, *op. cit.*

2. Cicéron, *Traité du destin*, XII, 28-29, trad. fr. A. Yon, Paris, Gallimard, 1994, p. 161.

De fait, si *quoi que l'on fasse*, nous guéririons demain matin, il semble irrationnel de perdre du temps à aller chez le médecin : il vaut mieux se détendre en attendant que le pire passe. Et si, *quoi que l'on fasse*, nous mourrons de notre maladie demain matin, il vaut mieux profiter de nos dernières heures plutôt que de perdre un temps précieux à l'hôpital. Appelons *fatalisme* la thèse selon laquelle tout ce qui nous arrivera nous arrivera *quoi que l'on fasse*.

Le déterminisme n'est justement pas le fatalisme. Illustrons. Le matin, Alcibiade prend un médicament qui, la nuit tombée, le guérit. Si le déterminisme est vrai, la guérison d'Alcibiade était déterminée. Mais cela n'empêche pas que *si Alcibiade n'avait pas ingéré le médicament*, il serait toujours malade. Bref, le déterministe soutient à la fois que 1) Alcibiade était déterminé à guérir 2) il est faux que *quoi qu'il fasse* Alcibiade est déterminé à guérir, et cette combinaison est possible puisque 3) Alcibiade était déterminé à prendre un médicament.

Si le déterminisme n'est pas le fatalisme, cela laisse de la place à l'idée que le déterminisme permet la pluralité des options. C'est le *compatibilisme de la marge de manœuvre*, une thèse relativement populaire aujourd'hui[1]. Nous ne pouvons la défendre ici; contentons-nous de souligner une idée intéressante[2], qui consiste à diviser le pouvoir de choisir parmi plusieurs options, en deux composantes : une composante interne, la *capacité* (*ability*) et une composante externe, l'*occasion* (*opportunity*). Un pianiste dans un avion a la capacité de jouer une sonate, mais pas l'occasion. Un non-musicien devant un piano a l'occasion

1. Voir D. Lewis, « Are We Free to Break the Laws ? », art. cit. et K. Vihvelin, *Causes, Laws, and Free Will*, *op. cit.*

2. A. Kenny, *Will, Freedom and Power*, Oxford, Blackwell, 1976 et du même auteur *Free Will and Responsibility*, London, Routledge, 1978.

de jouer une sonate, mais pas la capacité. L'idée est que chacune de ces composantes est compatible avec le déterminisme. Dire que j'ai la *capacité* de faire A, c'est dire que dans un certain nombre d'environnements différents du mien, mais où j'aurais les mêmes propriétés internes (même état de santé, même cerveau, etc.), j'aurais fait A. Le déterminisme ne supprime pas cette capacité (ni n'importe quelle autre) puisqu'il est compatible avec l'idée que *si mon environnement avait été différent*, j'aurais agi autrement. Et dire que j'ai *l'occasion* de faire A, c'est dire que dans un certain nombre de situations où mon environnement est identique, mais où j'aurais des propriétés internes légèrement différentes, je ferais A. Encore une fois, le déterminisme ne supprime pas cette occasion puisqu'il est compatible avec l'idée que *si mes propriétés internes avaient été légèrement différentes*, j'aurais agi autrement.

Résumé

Le défi déterministe a connu une profusion de réponses, des Stoïciens aux philosophes contemporains comme Frankfurt, Kenny, van Inwagen et Nelkin, en passant par l'incontournable Hume. Malgré leurs différences, nous pouvons les séparer en deux groupes de manière à éclairer la question de la responsabilité morale.

Le premier groupe tente de sauver la responsabilité en lâchant du lest : il faut, selon ces philosophes, accepter que la responsabilité ne requière pas la capacité de choisir parmi plusieurs options. Elle doit y trouver un substitut : la responsabilité vient ou bien de notre raison ou bien de la conformité de nos actions avec nos valeurs. Comme dans tous les cas ce qui nous rend responsable est d'être la source de notre action, on parle de *théoriciens de la source*.

Le second groupe insiste pour dire que la responsabilité requiert la capacité de choisir parmi plusieurs options. Pour défendre l'existence du libre arbitre, certains (à savoir *les libertariens*) s'attaquent au déterminisme, alors que d'autres (à savoir *les compatibilistes de la marge de manœuvre*) tentent de montrer que même si le déterminisme est vrai, nous avons un tel pouvoir. Comme ils insistent sur le prérequis des options multiples, nous pouvons les considérer comme des *théoriciens de la marge de manœuvre*. Nous trouvons cette dernière voie beaucoup plus prometteuse qu'il n'y paraît au premier abord. Elle permet en tout cas de préserver un lien intuitif entre ce que nous devons faire (nos responsabilités), ce que nous pouvons faire et ce dont nous sommes responsables.[1]

Le défi déterministe a donc ouvert plusieurs voies théoriques pour défendre la responsabilité, mais, plus important encore, il a mis à l'examen une question fondamentale : quel genre de liberté est nécessaire à la responsabilité ? La réponse semble se trouver ou bien dans le fait que nous soyons la source de notre action ou bien que nous ayons une marge de manœuvre, c'est-à-dire plusieurs options.

Une note s'impose avant de clore cette section. Les philosophes que nous avons jusqu'ici présentés s'entendent pour dire que la responsabilité requiert le libre-arbitre, c'est-à-dire le pouvoir de choisir librement (ce qui ne requiert pas une pluralité d'options selon Frankfurt et d'autres). Or, il y a des philosophes qui ont tenté d'éliminer même le prérequis du choix. Ils prétendent plutôt que nous sommes responsables de tout ce qui reflète nos

1. Certains défendent les deux conditions. Voir par exemple C. Michon, *Répondre de soi, op. cit.*

attitudes évaluatives (comme nos valeurs), tant et aussi longtemps que ces attitudes sont passées (implicitement ou explicitement) par le filtre de notre raison. On les appelle *attributionnistes*[1].

Pour montrer que la responsabilité ne requiert pas le choix, les attributionnistes aiment à rappeler que nous tenons les gens pour responsables de leurs oublis, par exemple l'oubli d'un fils d'appeler sa mère pour son anniversaire[2]. Bien sûr, nous ne choisissons pas d'oublier. On peut rétorquer que ce genre d'oubli vient toujours d'un choix, par exemple, le choix de ne pas programmer une alarme de rappel sur notre téléphone. Or, cela peut paraître artificiel : ce qui rend untel coupable d'un oubli ne semble pas être son choix explicite, mais plutôt le fait qu'il n'accorde pas suffisamment de valeur à la chose oubliée[3]. Il reste que d'attribuer de la responsabilité là où il n'y a eu aucun choix reste délicat. Qu'est-ce qui nous permet, dans ce cas, d'expliquer pourquoi nous ne devrions pas tenir les gens responsables de leur taille ou de la couleur de leurs yeux ? C'est un défi que l'attributionniste n'a pas fini de relever[4].

1. On les oppose aux mal-nommés « volitionnistes », qui lient la responsabilité au choix ou au contrôle. Ils sont mal-nommés puisqu'on peut très bien vouloir abandonner la théorie des volitions et lier la responsabilité aux choix. Voir J. Hyman, *Action, Knowledge, and Will*, *op. cit.*, chap. IV. Pour l'origine de la distinction, voir N. Levy, « The Good, the Bad and the Blameworthy », *Journal of Ethics & Social Philosophy* vol. 1, n° 2, 2005, p. 1-16.

2. A. M. Smith, « Responsibility for Attitudes : Activity and Passivity in Mental Life », *Ethics* 115, n° 2, 2005, p. 236-271.

3. Sur la question difficile de l'identification d'un choix qui rendrait responsable, voir M. Vargas, « The Trouble with Tracing », *Midwest Studies In Philosophy* 29, n° 1, 2005, p. 269-291.

4. N. Levy, « The Good, the Bad and the Blameworthy », art. cit.

SCEPTICISME ET OBLIGATION DE RÉPONDRE

Nous avons abordé le problème des conditions métaphysiques de la responsabilité par la question du déterminisme : comment pourrions-nous être responsables si le moindre de nos gestes est déterminé d'avance ?

La question du déterminisme nous a permis de distinguer ceux qui pensent que nous sommes responsables parce que nous avons le pouvoir de choisir parmi plusieurs options (les libertariens et les compatibilistes de la marge de manœuvre) de ceux qui croient que nous sommes responsables simplement parce que nous sommes la source de notre action (compris en termes de désirs ou de raisons). La réfutation de cet argument sceptique est donc riche en enseignement.

Se pourrait-il que le sceptique ait raison, malgré tout, de voir la responsabilité comme une simple illusion que nous devrions éliminer ? Cette élimination serait une tâche difficile puisque, on l'a vu, la responsabilité s'inscrit dans un réseau solide. Par exemple, comment pourrions-nous ignorer la responsabilité comme devoir de répondre tout en conservant nos autres devoirs ? Sans doute ne le pourrions-nous pas puisqu'avoir le devoir d'accomplir quelque chose implique que l'on doive répondre d'un éventuel échec. Par conséquent, en éliminant l'idée de responsabilité, on perd la notion même de devoir. Il est donc absurde de soutenir que nous *devons* éliminer l'idée de responsabilité[1].

Quoi qu'il en soit du caractère autodestructeur du scepticisme, nous avons de bonnes raisons de penser

1. Déjà Épicure exprimait ce genre d'idées, consignées dans *De la Nature*. Voir aussi P. van Inwagen, *Essai sur le libre arbitre*, *op. cit.* et S.-P. Chevarie-Cossette, « Is Free Will Scepticism Self-Defeating ? », *European Journal of Analytic Philosophy* 15, nº 2, 2019, p. 55-78.

que les défis sceptiques peuvent être surmontés, comme l'atteste la variété des réponses qui ont été faites. Il reste bien sûr quelque chose de troublant à la versatilité des manières de répondre au scepticisme. Logique oblige, les théoriciens de la source et de la marge de manœuvre ne peuvent tous les deux avoir raison…

Et pourtant nous croyons pouvoir offrir une réconciliation potentielle entre ces différentes formes de réponse au scepticisme. Pour rappel, nous avons défini la responsabilité comme l'obligation de répondre de ses actes ; et nous avons avancé que répondre de ses actes comporte deux volets : un volet explicatif, qui appelle l'agent à reconnaître son comportement et à l'expliquer (c'est-à-dire à en donner une justification ou une excuse), et un volet expiatif, qui appelle l'agent, dont le comportement était injustifiable ou inexcusable, à être blâmé, à réparer son tort, etc. Nous pouvons nous demander si les deux volets de la responsabilité ont les mêmes prérequis métaphysiques. Il semble que non : la responsabilité pour un mauvais comportement a des conditions moindres que la culpabilité ou la blâmabilité pour ce même comportement. En effet, nous pouvons être responsables d'un mauvais comportement, mais, ayant une bonne excuse, ne pas être blâmables. Dans ce cas, nous devons expliquer sans pour autant devoir expier.

Cela suggère que ceux qui croient que les conditions métaphysiques sont les plus faciles à remplir (ici, les théoriciens de la source) ont raison sur la responsabilité, mais tort sur la blâmabilité et inversement (pour les théoriciens de la marge de manœuvre). Autrement dit pour devoir expliquer son comportement, il ne serait pas nécessaire d'avoir eu le pouvoir de choisir parmi plusieurs options ; il suffirait d'en être la source. Mais pour être *blâmable* ou pour *mériter une punition*, il faudrait avoir eu le pouvoir de choisir parmi plusieurs options. En un mot, la nécessité ne saperait pas notre responsabilité, mais nous donnerait une excuse.

En un sens, cette réconciliation donne le haut du pavé aux théories plus exigeantes, à savoir la théorie de la marge de manœuvre (qu'elle soit libertarienne ou compatibiliste). Mais elle accepte tout de même que les théoriciens de la source ont eu raison à strictement parler sur le terme que tous employaient, à savoir celui de responsabilité.

RESPONSABILITÉ ET SOCIÉTÉ

Jusqu'à présent, nous nous sommes attardés sur les formes de responsabilité associées à l'agent considéré comme un individu. Qu'en est-il lorsqu'il faut penser la responsabilité de groupes ? S'agit-il seulement d'additionner les responsabilités individuelles ? Ou faut-il concevoir un autre type de responsabilité propre aux groupes ? Il semble que oui, car sans cela, nous aurions beaucoup de mal à comprendre ce que peut signifier la responsabilité des entreprises, des États, des armées, des organisations criminelles, bref de toutes ces entités sociales qui ne peuvent être réduites à leurs seules composantes ou à leurs dirigeants.

Un autre exemple de cas où la notion de responsabilité collective permet de mieux comprendre ce qui est en jeu est celui de la crise climatique. Les gouvernements invitent les individus à changer leur manière de vivre tout en continuant d'entretenir une industrie extrêmement polluante, comme c'est le cas au Canada avec les gaz de schistes. Inversement, les individus présument parfois que le problème cesse d'être le leur dès lors qu'ils estiment avoir fait leur part d'effort. Ils agissent donc en fonction d'une représentation individualisée du problème alors qu'il faudrait aussi penser les actions à accomplir en fonction d'une représentation d'ensemble de la surconsommation des pays riches. Une personne qui n'a pas de voiture, ne mange pas de produits animaux et ne consomme pratiquement rien n'en demeure pas moins associée au groupe, dont elle partage les responsabilités. Si elle est citoyenne du Canada, elle est co-responsable de la caution accordée aux industries de schiste, par exemple. C'est pourquoi on peut espérer qu'elle participera activement à la recherche d'une solution politique au problème climatique.

La pandémie de 2019 a également mis en lumière un ensemble de problèmes liés à la responsabilité collective, qu'il s'agisse de celle des comportements à harmoniser afin de faire baisser les courbes d'infection ou encore les problèmes associés à l'afflux des patients dans les unités de soins, soulevant des préoccupations éthiques concernant le triage des malades mais également concernant la santé du personnel des hôpitaux.

Cela étant, pour plusieurs philosophes, comme Hywel D. Lewis, il serait pour le moins imprudent de chercher une responsabilité pour des groupes. En effet, attribuer une responsabilité à un agent collectif non seulement obscurcit notre compréhension du monde mais surtout est fondamentalement injuste[1]. En pensant la responsabilité des groupes, nous diluons les responsabilités des individus dans un magma inintelligible, puisque nous ne pouvons plus savoir qui a fait quoi, ce qui nous conduit à blâmer sans discernement un ensemble de personnes, sans égard aux différences entre elles. Plus récemment, le juriste Antonio Cassese s'indignait de l'importance accordée par la communauté internationale à la notion de responsabilité

1. H. D. Lewis, « Collective responsibility », *Philosophy*, vol. XXIII, n° 84, 1948, p. 3-18.

collective, un concept « archaïque » selon lui[1] puisqu'il condamnait toute une population pour les crimes d'un État. Pour Cassese, le recours à une notion comme celle de responsabilité collective montre à quel point le droit international reste « un système juridique primitif ».

Comme nous le verrons, selon nous, ces critiques sont fondées sur une mauvaise interprétation de la responsabilité collective, et finalement, d'une interprétation inadéquate de la responsabilité en général. *Mais avant d'entrer dans ce débat, il faut d'abord préciser les différences entre agent collectif et agent individuel.*

QU'EST-CE QU'UN AGENT COLLECTIF ?

Il existe une vaste littérature philosophique sur les entités collectives, associée à l'ontologie sociale, qui entend répondre à des questions au sujet de l'existence des groupes sociaux, sur le type d'entités qu'ils représentent, ce qui les distingue des membres qui les composent, leurs propriétés ou encore leurs croyances ou leurs intentions[2]. Si l'existence d'entités collectives, par exemple des organisations non gouvernementales ou des entreprises, ne fait pas débat, la question des critères et des modalités de cette existence continue de diviser les philosophes, surtout lorsque ces critères font usage d'un vocabulaire psychologique, comme c'est le cas lorsqu'on parle de la

1. A. Cassese, *International Law*, Oxford, *Oxford University Press*, 2e éd., 2005, p. 241.

2. Voir C. Bicchieri, *The Grammar of Society : The Nature and Dynamics of Social Norms*, Cambridge, Cambridge University Press ; M. Gilbert, *On Social Facts*, Princeton (NJ), Princeton University Press, 1989 ; F. Nef, S. Berlioz, *La nature du social. De quoi le social est-il fait ?*, Paris, Le bord de l'eau, 2021 ; Ph. Urfalino, « La réalité des groupes agents », *Raisons politiques*, vol. 66, n° 2, 2017, p. 75-99.

conscience des groupes ou des émotions collectives[1]. Pour le bénéfice de ce qui suit, nous nous contentons de postuler qu'un collectif est unifié par une certaine logique d'ensemble. Bien sûr, comme il est question de responsabilité collective, c'est à certains agents collectifs particuliers que nous nous intéresserons principalement, à savoir ceux dont l'organisation inclut une procédure rationnelle de décision. Tout comme pour les individus, la rationalité des décisions collectives n'a pas à être parfaite. Un agent collectif est rationnel lorsque ses préférences, ses croyances et ses décisions présentent une certaine cohérence dans le temps et l'espace. Certains agents collectifs disposent d'infrastructures matérielles, d'autres non, mais tous les agents collectifs sont constitués, en tout ou en partie, d'agents individuels.

Au sujet du statut des entités collectives, deux grands courants de pensée s'opposent dans les débats épistémologiques en sciences sociales. Une première école de pensée est celle de l'individualisme méthodologique[2]. *L'individualisme méthodologique* est la thèse selon laquelle la meilleure manière de rendre compte des phénomènes sociaux est de les décrire en référence aux composantes individuelles des groupes. En ce sens, selon l'individualisme méthodologique, parler en termes d'action collective est une erreur de catégorie, car toute action soi-disant collective n'est en réalité rien d'autre

1. Chr. List, « What is it Like to be a Group Agent? », *Noûs* 52, n° 2, 2018, p. 295-319. Voir aussi le commentaire sur le texte de Gilbert plus loin.

2. Parmi les représentants classiques de ce courant méthodologique, on retrouve Max Weber et Raymond Boudon. Voir J. Heath, « Methodological Individualism », *The Stanford Encyclopedia of Philosophy* , Edward N. Zalta (ed.), 2020.

que l'agrégation ou au mieux la coordination, volontaire ou non, rationnelle ou non, d'actions individuelles. Dans le meilleur des cas, l'action collective n'aurait de valeur que par analogie avec l'action individuelle.

Selon une tradition méthodologique opposée à la première, *le holisme*[1], la seule manière adéquate de décrire les phénomènes sociaux serait de partir de ce qui leur appartient en propre, ou plus précisément de ce qui ne saurait se réduire aux composantes du groupe. Dans sa version forte, le holisme affirme l'existence des agents collectifs, autrement dit du « fait social », pour employer l'expression classique de Durkheim, pensé en tant que réalité extérieure aux consciences individuelles.

Un agent collectif peut-il être tenu responsable d'actions ou d'omissions qui relèvent d'intentions ou d'objectifs propres au groupe ? Si oui, comment penser la responsabilité des groupes en eux-mêmes, et non des individus qui les composent ? La question est de savoir si la responsabilité attribuée aux groupes est en tout point semblable ou à peu de chose près la même que celle associée aux individus. Par exemple nous avons vu que la responsabilité concerne à la fois nos actions et nos omissions, comme c'est le cas lorsque nous refusons de commettre un geste qui pourrait sauver une vie ou lorsqu'au contraire nous refusons d'agir afin de ne pas commettre une faute. S'agit-il alors de simplement transférer les différents sens de la responsabilité des individus aux agents collectifs, ou si l'on préfère, passer de la première personne du singulier à la première personne

1. Parmi les représentants classiques de ce courant méthodologique, on retrouve Émile Durkheim. Voir J. Zahle, « Methodological Holism in the Social Sciences », *The Stanford Encyclopedia of Philosophy*, Edward N. Zalta (ed.), 2021.

du pluriel ? Nous pouvons supposer que les différents sens de la responsabilité distingués précédemment s'appliquent au groupe : un groupe peut avoir certains devoirs en vertu de son rôle, le devoir de répondre de sa conduite, la capacité d'avoir ces devoirs et la vertu de les satisfaire. Mais si, comme le préconisent plusieurs philosophes [1], les groupes peuvent non seulement agir, mais avoir des intentions, il faut faire attention à ne pas forcer la comparaison entre responsabilité individuelle et collective. Chaque notion présente des problèmes qui lui sont propres.

Au débat méthodologique ou épistémologique s'ajoute un débat normatif. À supposer que l'on accepte le concept de responsabilité collective, qu'est-ce que cela implique sur le plan moral, juridique et politique ? Une réaction fréquente au sujet de la responsabilité collective est d'y voir un amalgame dangereux qui associe tous les membres d'un groupe à une même faute.

CONTRE LA RESPONSABILITÉ COLLECTIVE

Un des jalons importants de l'histoire philosophique de la responsabilité collective est le débat qui a suivi la Seconde Guerre mondiale au sujet des crimes de masse commis par l'État allemand, en particulier contre les Juifs d'Europe. En 1948, le philosophe et théologien britannique Hywel D. Lewis publiait un article qui est certainement le plus cité dans la littérature sur la responsabilité collective [2].

1. *Cf.* Ph. Pettit, *Penser en société. Essais de métaphysique sociale et de méthodologie*, Paris, Puf, 2004 ; R. Tuomela, *Social Ontology : Collective Intentionality and Group Agents*, Oxford, Oxford University Press, 2013. Au sujet de l'agentivité « partagée » voir M. Bratman, *Shared and Institutional Agency*, Oxford, Oxford University Press, 2022.

2. H. D. Lewis, « Collective responsibility », art. cit.

L'article de Lewis ne commente que vers sa fin la question de la responsabilité collective en temps de guerre, mais tout y conduit.

Pour Lewis, la notion de responsabilité collective est « barbare », car elle implique que des personnes puissent être considérées comme partie prenante d'un tort ou d'un crime même si elles n'ont rien fait. Selon lui, il n'y a de responsabilité morale qu'individuelle. Toute conception de responsabilité collective est au mieux strictement métaphorique – ce qui donne le plus souvent lieu à des effets déplorables – au pire monstrueuse, car elle nie le principe fondamental selon lequel nous ne pouvons être tenus responsables d'un geste que nous n'avons pas commis.

Attribuer la responsabilité à un collectif serait d'abord *injuste* car il n'y aurait plus de différence entre les degrés de participation à une faute. En effet, dit Lewis, un professeur ne peut punir sa classe en réaction à quelques cancres turbulents. S'il le faisait, il instrumentaliserait les autres, soit en dissuadant les fauteurs de troubles de commettre d'autres méfaits, soit en encourageant le groupe à gérer le problème de ses cancres par des moyens qui ne sont pas à la disposition du professeur[1]. Inversement, si un individu – par exemple le dirigeant d'une entreprise – peut accepter d'assumer la responsabilité pour l'action d'un ou de quelques membres de son groupe, son geste est peut-être moralement honorable mais ne donne pour autant aucune preuve de sa responsabilité personnelle, encore moins de sa culpabilité. Si, pour donner un autre exemple, un premier ministre peut assumer la faute d'un membre de son cabinet, il s'agit, dit Lewis, d'un geste

1. *Cf.* H. D. Lewis, « Collective responsibility », art. cit., p. 9.

politique et en aucun cas l'individu ne peut-il être tenu moralement responsable d'une faute qu'il n'a pas commise ou à laquelle il n'a pas participé[1].

En outre, dit Lewis, attribuer la responsabilité à un collectif serait *irrationnel*, c'est-à-dire que c'est un mauvais moyen d'atteindre nos fins. Si un cambriolage demande la participation de plusieurs personnes, nous ne pouvons pas pour autant parler de la responsabilité du groupe dans son ensemble car ce serait nier la contribution spécifique – et donc la responsabilité spécifique – de chaque personne. En collectivisant la responsabilité, on perd de précieuses informations. Dans le cas de crimes graves, comme celui des États qui ont commis des crimes de guerre ou des meurtres de masse, comme l'Allemagne sous le régime nazi, parler de responsabilité morale collective du peuple allemand empêche de distinguer les rôles joués par chacun et leur hiérarchie et efface la complexité des dynamiques sociales au profit d'une vision simpliste des choses. En raison de cette mauvaise représentation de ce qui est en jeu, toute forme de réconciliation et même de reconstruction s'avère impossible.

Lewis va même jusqu'à dire que la responsabilité morale collective n'a *aucun sens*, car l'accepter reviendrait à croire que nous pouvons être une bonne ou une mauvaise personne par le simple fait de notre appartenance à un groupe, ce qui est absurde[2].

Mais si la responsabilité morale collective n'existe pas, cela ne signifie pas pour autant que nous n'avons pas d'obligation les uns à l'égard des autres. Bien au contraire, dit Lewis, nous avons des devoirs à l'égard de

1. *Cf.* H. D. Lewis, « Collective responsibility », art. cit., p. 12.
2. *Ibid.*

nos semblables. Mais nul ne peut être associé à la faute d'autrui, ni non plus à son mérite.

RESPONSABILITÉ COLLECTIVE ET CULPABILITÉ INDIVIDUELLE

Deux ans avant l'article de H. D. Lewis, le philosophe Karl Jaspers, dans un livre intitulé *La culpabilité allemande*[1], expose quatre catégories de culpabilité : 1) la culpabilité criminelle, qui appelle un châtiment par la loi ; 2) la culpabilité politique, qui recoupe la responsabilité de tous les acteurs politiques en lien avec l'autorité de l'État, du dirigeant de l'État aux citoyens et citoyennes ; 3) la culpabilité morale qui doit mener à une transformation des personnes ; 4) et la culpabilité métaphysique, qui associe l'espèce humaine tout entière au mal commis dans le monde et pour laquelle la seule juridiction possible est une entité transcendante, comme Dieu. Les crimes contre l'humanité commis par l'Allemagne à l'époque du IIIe Reich doivent être pensés à l'aune de ces catégories. Pour autant, Jaspers ne croit pas à la *culpabilité* collective :

> … il est dénué de sens d'inculper d'un crime un peuple tout entier. Un criminel, c'est toujours un individu. Il est aussi dénué de sens d'accuser moralement un peuple

1. K. Jaspers, *La culpabilité allemande*, trad. fr. J. Hersch, Paris, Minuit, 1948, texte paru deux ans plus tôt en Allemagne. *Cf.* G. Schneilin, « Les prises de position de Karl Jaspers sur "la situation spirituelle en Allemagne" de 1945 à 1955 » dans *L'Allemagne 1945-1955. De la capitulation à la division* [en ligne], Paris, Presses Sorbonne Nouvelle, 1996 ; Voir aussi L. May, « Metaphysical Guilt and Moral Taint », *Sharing Responsability*, Chicago, The University of Chicago Press, chap. 8, 1992..

> tout entier … Moralement, c'est seulement l'individu qui peut être jugé, jamais une collectivité[1].

Comme on peut le voir, Jaspers refuse la culpabilité criminelle collective. Les actes criminels sont le fait d'individus, même lorsqu'il s'agit de crimes de masse. Ils sont décidés par des individus et commis par des individus. Mais si tous les Allemands ne sont pas coupables criminellement, ils n'en sont pas moins tous « coupables » au sens où tous portent le fardeau des crimes commis par l'Allemagne. Tous doivent avoir une « conscience individuelle d'une culpabilité collective ». C'est précisément cette conscience individuelle d'une faute collective qui transcende les actes individuels – complicité, passivité, ou au contraire résistance – dans un projet moral commun, ce que Jaspers nomme « l'âme allemande ».

Si la notion de responsabilité collective demeure pertinente, selon Jaspers, c'est au sens d'une co-responsabilité, car il est nécessaire que les Allemands, comme individus, aient conscience d'une faute qui les concerne tous. Ainsi, toute personne ayant vécu en Allemagne entre le début et la fin du IIIe Reich devrait non seulement avoir conscience de sa conduite, mais aussi de ce qui a été commis en son nom par l'État. Dès lors, si les véritables criminels ne sont qu'une minorité au sein de la population, tous les Allemands en revanche ont une responsabilité *politique* à titre de citoyen.

Les Allemands, dit Jaspers, ont également une responsabilité morale à titre de personne humaine, ce qui doit les conduire à un examen de conscience, sans

1. K. Jaspers, *La culpabilité allemande*, *op. cit.*, p. 53-54. À noter que le titre original du livre est *Die Schuldfrage*, soit « La *question* de la culpabilité ».

qu'il y ait d'autres juges qu'eux-mêmes pour procéder à celui-ci. C'est le cas de tous ceux qui ont voulu croire ou participer au mensonge de leur conscience et qui se sont volontairement aveuglés pour ne plus croire qu'aux appels nationalistes, ou ont détourné les yeux devant ce qu'ils jugeaient abject, tout en voulant rester fidèles à leur pays. Jaspers est bien conscient de la terreur engendrée par le régime nazi, où toute opposition fut systématiquement éradiquée. Cela n'empêche pas pour autant une conscience individuelle d'un crime qui pèse sur les épaules de tout le peuple allemand. Une difficulté de l'argument de Jaspers au sujet de la responsabilité morale est que nous ne sommes pas loin d'une « culpabilité métaphysique », au sens d'une responsabilité de l'espèce humaine tout entière face au mal commis partout dans le monde. En effet, même en pensant la dimension historique particulière de la culpabilité allemande avant la chute du nazisme, ce drame doit interpeller, selon les mots mêmes de Jaspers, la conscience humaine dans son ensemble[1].

Dans leur correspondance[2], Karl Jaspers et Hannah Arendt ont discuté longuement de la responsabilité collective des Allemands. Arendt est d'accord avec Jaspers sur l'impossibilité d'une culpabilité criminelle de tous les Allemands pour les crimes commis par le

1. La thèse de Karl Jaspers conduit même à l'idée d'une responsabilité de l'ensemble des membres de la planète pour tous les crimes qui y sont commis. « [...] chacun se trouve co-responsable de toute injustice et de tout mal commis dans le monde », *La culpabilité allemande*, *op. cit.*, p. 46. Voir les remarques de L. May *Sharing Responsibility*, *op. cit.*, p. 148.

2. H. Arendt et K. Jaspers, *Correspondance, 1926-1969*, trad. fr. E. Kaufholz-Messmer, Paris, Payot, 1995. Voir en particulier le choix de lettres publié à part sous le titre *La philosophie n'est pas tout à fait innocente*, Paris, Payot, 2008.

régime nazi. Comme lui, elle croit qu'il est possible de penser une responsabilité collective, à la condition de ne pas la confondre avec la culpabilité du groupe ou de ses membres. Mais elle insiste davantage que lui sur les dangers d'une responsabilité collective qui tend à effacer la responsabilité individuelle des véritables perpétrateurs des crimes de masse commis par les nazis.

Dans un article intitulé « La responsabilité collective[1] » Arendt débute sa réflexion en distinguant la culpabilité et la responsabilité pour des choses que nous n'avons pas accomplies mais dont on peut nous tenir responsables (*liable*). À la différence de la responsabilité, dit Arendt, la culpabilité « singularise toujours... elle est toujours strictement personnelle »[2]. Comme Jaspers, elle pense que la responsabilité criminelle ne peut incomber qu'aux seuls individus. C'est la raison pour laquelle il est possible de tenir une entreprise, une congrégation, une mairie ou un parti politique pour responsables des conséquences de leurs actes, mais qu'il n'est pas possible de juger sans distinction tous les membres de ce groupe coupables, qu'ils aient ou non participé à la commission du geste répréhensible.

La confusion opérée entre responsabilité et culpabilité, dit Arendt, a pour effet de nier l'une et l'autre. À l'aune de la responsabilité collective, la culpabilité des individus dans les crimes de masse semble superficielle, comme si elle n'était que l'épiphénomène de problèmes structurels beaucoup plus graves. Or, l'idée d'une faute collective apparaît tellement abstraite qu'elle empêche de voir qui

1. Repris dans H. Arendt, « La responsabilité collective », dans *Responsabilité et jugement*, trad. fr. J.-L Fidel, Paris, Payot, 2005

2. *Ibid.*, p. 173.

sont les véritables coupables, un peu comme si cette fois la forêt cachait l'arbre et non l'inverse. « Si nous sommes tous coupables, personne ne l'est », dit Arendt[1]. En outre, le poids d'une culpabilité associée au groupe empêche de voir toutes les nuances de la responsabilité et le rôle joué par chaque personne dans les intentions et les potentialités du groupe.

Même si elle rejette l'existence de la culpabilité collective, Arendt croit que la responsabilité collective demeure inéluctable. En effet, il est impossible de vivre seul. Certes, nous pouvons quitter un groupe – par exemple un parti politique, mais cela ne ferait que nous conduire vers un autre – un autre parti, une association politique, etc. Il s'ensuit que si dans une certaine mesure on peut échapper à une responsabilité collective particulière, on n'échappe pas pour autant à la responsabilité collective, en raison du passage à un autre groupe ou du seul fait de notre appartenance à une communauté plus large, comme celle de notre pays, voire notre appartenance à l'espèce humaine.

Selon Arendt, il ne saurait y avoir de responsabilité collective morale ou juridique : la seule responsabilité collective possible est politique. Qu'est-ce que cela signifie ? Lorsqu'une personne est jugée pour sa participation à un crime collectif, elle est à la fois considérée comme un « rouage » d'un mécanisme qui la dépasse, et comme individu. Le jugement sur le groupe est d'ordre politique : il ne porte pas sur les individus. Mais cela n'empêche pas un jugement moral ou juridique sur ceux-ci. Bien entendu, son action prend place dans une mécanique politique en vue d'une action criminelle.

1. *Ibid.*

Mais moralement et juridiquement, il n'est possible de juger que des responsabilités individuelles. La notion de responsabilité politique n'est pas toujours très claire chez Arendt, mais elle implique au moins l'idée d'une forme d'agir concerté au sein d'un monde commun.

Cela signifie-t-il que la responsabilité collective, puisqu'elle est forcément politique, ne s'applique qu'aux entités comme les États, les gouvernements ou les institutions ? Non. La notion d'entité politique employée par Arendt est suffisamment large pour inclure les entreprises ou les groupes criminels mafieux. Mais Arendt refuse l'attribution de la responsabilité collective à n'importe quel groupe d'individus qui se seraient assemblés de manière fortuite pour atteindre un but. En effet, elle affirme qu'aucune responsabilité collective ne peut être impliquée dans une conspiration, où des individus agissent dans leur intérêt personnel et ne se sont réunis que pour l'occasion, par exemple lorsqu'ils visent à cambrioler une banque. Si la conspiration est mise au jour et que ses participants sont poursuivis, la faute ne peut être « déléguée », ce qui signifie selon Arendt qu'elle ne peut être transférable à l'ensemble du groupe ; elle est plutôt distribuée aux participants de la conspiration. Pour parler d'entité politique, il faut quelque chose de plus qu'un simple arrangement *ad hoc*. Par exemple, aucune responsabilité collective ne peut être vue dans le cas de nageurs qui seraient tous témoins de la noyade d'un enfant. Ce groupe n'est que la rencontre incidente de plusieurs personnes sur une plage au moment malheureux où un enfant se noie devant leurs yeux. Il y a responsabilité politique lorsque les individus agissent réellement *avec* les autres, ce qui signifie qu'ils agissent au sein d'un groupe, *parmi* les autres.

Cela étant, poursuit Arendt, puisque nul n'est à même de vivre sans les autres, nous ne pouvons éviter la responsabilité des actes commis au nom du groupe politique (compris au sens large) auquel nous appartenons. Si les membres du groupe n'ont pas commis eux-mêmes ces actes, ils en sont malgré tout responsables dans la mesure où ils appartiennent à des entités collectives où ils peuvent exercer leur faculté d'agir, « la faculté politique par excellence » selon Arendt.

En résumé, l'argument de Lewis contre la responsabilité collective semble en partie réfuté par les thèses de Jaspers et d'Arendt. Tous deux distinguent nettement responsabilité et culpabilité et rejettent l'existence de la culpabilité collective. Ils voient la responsabilité collective soit comme une intériorisation ou une prise de conscience individuelle des comportements du groupe (Jaspers), soit comme une responsabilité inhérente au groupe en tant qu'il est constitué de manière politique. Dans aucun cas, nul ne se trouve coupable (criminellement) des actes commis par d'autres; les inquiétudes de Lewis sont donc infondées, si ce que disent Arendt et Jaspers est juste.

Cela dit, même si Arendt et Jaspers ont raison de penser qu'il y a parfois de la responsabilité sans culpabilité, la solution qui consiste à rejeter l'existence de la culpabilité collective nous apparaît hâtive. À l'occasion, il demeure important de juger coupable un agent collectif afin d'exiger de lui des excuses (par exemple, envers une ethnie ou un autre État), ou de lui imposer contraintes (comme la démilitarisation) et sanctions (principalement économiques).

Par ailleurs, même si un individu n'est pas coupable d'une faute collective, en être tenu pour responsable pose aussi son lot de problèmes puisque cela associe les individus aux groupes sans discernement au sujet de leur implication dans ces groupes. Sans ce discernement, on peut difficilement répondre à Lewis lorsqu'il prétend que la responsabilité collective n'est qu'un amalgame nuisible. Certes, la distinction entre culpabilité et responsabilité est une partie de la réponse, puisque on ne peut plus dire que la responsabilité collective est la même chose que la culpabilité collective. Mais Lewis, ou quiconque pense comme lui, pourrait malgré tout répondre que même l'idée de responsabilité politique au sens d'Arendt, ou de responsabilité morale au sens de Jaspers, sont trop englobantes. C'est la raison pour laquelle il faut approfondir le sens de la responsabilité collective en s'intéressant à la distribution de la responsabilité.

RESPONSABILITÉ COLLECTIVE ET DISTRIBUTION DE LA RESPONSABILITÉ

Notons d'emblée une chose importante : penser les modalités des responsabilités collectives n'empêche pas de concevoir des actes individuels, notamment lorsque ces actes sont effectués en relation aux groupes. Par exemple, si dans un orchestre symphonique, certains musiciens jouent faux, ce n'est pas le groupe en lui-même qui présente une mauvaise performance. En revanche, s'ils ne jouent pas *ensemble*, c'est le groupe qui est responsable, ce qui n'empêche pas aussi une forme de responsabilité individuelle en relation au groupe, comme ce serait le cas si le chef dirigeait mal ou n'arrivait pas à donner des indications claires à ses musiciens sur la vision qu'il a d'une œuvre donnée.

La théorie de la responsabilité collective de Joel Feinberg offre des éléments importants pour penser les rapports entre individus et collectifs[1]. Si on s'arrête uniquement aux fautes morales, deux types de cas lui semblent importants : ceux où tous les membres du groupe partagent la même responsabilité et ceux où tous les membres du collectif contribuent à une même faute mais à des niveaux différents. Dans les deux types de cas, nous dit Feinberg, il n'y a pas un rapport nécessairement direct entre l'individu tenu pour responsable et le préjudice. Mais pour que la responsabilité soit à penser dans un cadre collectif, il doit y avoir un partage de la faute. Par exemple, un individu peut être tenu moralement responsable des actions du groupe auquel il appartient même s'il n'a pas participé directement à l'action, ce qui peut être le cas si le hasard a voulu qu'il ne soit pas présent au moment du méfait. Il serait même possible que la quasi-totalité du groupe n'ait pas directement participé à l'action fautive en raison du hasard ou d'un manque de coordination, mais qu'ils en aient été malgré tout complices[2].

Penser la responsabilité collective suppose de bien concevoir à quel type de groupe nous avons affaire. Lorsque, par exemple, nous rendons compte de la responsabilité d'une entreprise, nous devons expliquer le rôle de chacun de ses membres, du préposé à l'entretien à la présidente du conseil d'administration. Mais cela ne nous dit pas grand-chose de la manière dont les rôles respectifs de chaque membre participent à une fonction ou une finalité commune, comme celle de construire et de vendre des meubles de cuisine. Une entreprise n'est pas

1. J. Feinberg, « Collective Responsibility », *Journal of Philosophy* 65, 1968, p. 674-688.

2. Sur la complicité, voir Thomas d'Aquin, *Somme théologique, II-II. Q62. A7* ; Chr. Kutz, *Complicity : Ethics and Law for a Collective Age*, Cambridge, Cambridge University Press, 2007.

la simple juxtaposition des tâches exercées par chacun de ses membres. Ces tâches elles-mêmes sont définies en complémentarité les unes aux autres de façon telle que leur articulation favorise les objectifs poursuivis par l'entreprise[1]. Même un partisan de l'individualisme méthodologique – qui consiste à analyser un phénomène collectif comme résultant d'un ensemble d'actions, d'attitudes et de croyances individuelles – doit rendre compte de la logique d'ensemble qui rend possible pour une entité collective de parvenir à des objectifs qui lui sont propres.

Il n'en demeure pas moins que les rôles ne sont pas nécessairement les mêmes au sein de l'entreprise, ce qui signifie que la part de responsabilité des individus au sein du groupe n'est pas toujours du même ordre. En cas de naufrage, un matelot n'a pas la même responsabilité qu'un capitaine. La répartition de la responsabilité du groupe dépend des rôles, pouvoirs ou fonctions des individus au sein du collectif. La responsabilité de la présidente du conseil d'administration diffère de celle du préposé à l'entretien ; la distribution des responsabilités doit se faire en gardant en tête l'organigramme des tâches inhérentes à chaque membre. Mais cela ne signifie pas que cette distribution ne dépend *que* des rôles de chacun dans l'organisation. On ne pourrait dire, par exemple, qu'un ministre des Finances n'est pas responsable d'une guerre parce qu'elle est supervisée par le ministre de la Défense. En effet, le ministre des Finances joue un rôle crucial dans la mise en place des conditions de possibilité

1. J. Moriarty, « Business Ethics », *The Stanford Encyclopedia of Philosophy*, Edward N. Zalta (ed.), 2021 ; P. A. French, *Collective and Corporate Responsibility*, New York, Columbia University Press, 1984.

de la guerre en question (sans budget, pas de guerre). C'est précisément pour éviter ce genre de déresponsabilisation que nous avons besoin de la notion de responsabilité collective. En effet, il nous faut insister sur le fait que les deux ministres font partie du même groupe qui monte un budget pour mener une guerre.

Le philosophe américain Peter A. French défend dans ses travaux, échelonnés sur plusieurs dizaines d'années[1], la thèse selon laquelle on peut rendre responsable un groupe en vertu de sa structure, comme c'est le cas pour les entreprises (*corporate responsibility*). Si les entreprises n'ont pas d'autres corps physiques ni d'autres esprits que ceux de leurs membres, elles n'en ont pas moins des règles et des structures organisationnelles qui leur sont propres et qui délimitent ou du moins codifient leurs actions. Déterminer la responsabilité des entreprises ne pourrait se faire qu'en référence à leurs structures. On peut aussi penser aux équipes de sport, comme celles de football ou de hockey, qui doivent assumer les conséquences des punitions infligées aux joueurs individuels. Lorsqu'un joueur de football reçoit un carton rouge, il est exclu du terrain et ne peut être remplacé par un autre joueur. La sanction vise à la fois l'individu et le collectif dont il fait partie, l'équipe adverse disposant alors d'une supériorité numérique.

1. P. A. French, *Collective and Corporate Responsibility*, *op. cit.* Voir P. A. French, « Types of Collective and Responsibility », *in* S. Bazargan-Forward, D. Tollefsen (eds.), *The Routledge Handbook of Collective Responsibility*, London, Routledge, 2021, p. 9-22. Voir aussi, au sujet des agents corporatifs, Chr. List, Ph. Pettit, *Group Agency. The Possibility, Design and Status of Corporate Agents*, Oxford, Oxford University Press, 2011.

La responsabilité du membre d'un groupe dépend donc en partie de la structure de ce groupe. Mais il faut également, pour déterminer la responsabilité d'un membre, s'intéresser aux modalités d'adhésion et de sortie d'un groupe. C'est ce que défend Jan Narveson, qui est plutôt sceptique à l'égard du concept même de responsabilité collective[1]. Certaines adhésions aux actions collectives sont purement volontaires, d'autres non. Certaines adhésions sont involontaires, mais offrent malgré tout la possibilité d'une sortie, ce qui est le cas lorsque des individus abandonnent leur citoyenneté en guise de protestation contre les actions de leur pays. Il est aussi possible que des adhésions soient volontaires mais ne permettent pas de sortir du groupe, comme on peut le voir dans les organisations criminelles. Selon le cas, la responsabilité pour les actions du groupe auquel on appartient pourra changer.

Formuler clairement les conditions d'adhésion au groupe apparaît pour le moins difficile sans une structure organisationnelle de celui-ci. Qu'en est-il si ces groupes ne possèdent ni hiérarchie, ni organisation des rôles, ni règles ? Nous sommes en droit de nous demander ce qui les caractérise comme groupe. Sans organisation ni structure, il semble impossible de leur attribuer une responsabilité. Par exemple, peut-on vraiment parler d'une responsabilité de la société civile en temps de guerre, à l'inverse de l'armée qui existe en vertu de règles, de répartition des tâches et d'une hiérarchie ? Et peut-on parler de la responsabilité d'un groupe de personnes réunies par hasard dans un avion ? On l'a vu avec Arendt, il est possible d'exclure de

1. Voir J. Narveson, « Collective Responsibility », *Journal of Ethics* 6, 2002, p. 179-198.

la sphère d'application de la responsabilité collective les groupes qui ne sont que la simple association spontanée et éphémère d'individus. Certains philosophes pensent au contraire que l'absence d'une structure organisationnelle ou d'une réelle logique d'ensemble du groupe n'empêche pas l'attribution d'une responsabilité. Nous pouvons même tenir pour responsables des collectifs créés par le simple fait du hasard. C'est la thèse défendue par Virginia Held, selon laquelle un « collectif aléatoire » (*random collective*) peut être tenu pour responsable de n'avoir pas su ou voulu agir collectivement ou de ne pas s'être organisé de façon à agir de manière collectivement efficiente[1]. Selon Held, nous aurions raison de tenir un collectif aléatoire pour responsable en raison de son incapacité à agir en tant que groupe, l'incapacité à agir s'expliquant par l'échec à faire équipe. Par ailleurs, Held considère que si le collectif aléatoire est moralement responsable d'un échec à agir de façon concertée, cela signifie que chaque membre est moralement responsable de cet échec, même si chacun peut être responsable dans des proportions différentes.

La thèse de Held nous apparaît défendable : certains groupes se forment spontanément et peuvent être responsables de certaines choses. Ainsi, il a bien existé quelque chose comme une logique collective à Panama Beach, le 8 juillet 2017, lorsque les enfants de la famille Ursrey et leur mère, emportés par les courants en étant éloignés du rivage, furent sauvés par une chaîne humaine de 90 mètres, formée spontanément par un groupe de baigneurs, coordonnés par Jessica Simons qui a pu utiliser

1. V. Held « Can a Random Collection of Individuals Be Morally Responsible ? », *The Journal of Philosophy*, vol. 6, n° 14, 1970, p. 471-481.

la chaîne de façon à secourir les Ursrey en les ramenant sur la terre ferme[1]. Ce qui au départ n'était qu'un « collectif aléatoire » est devenu, par l'organisation du groupe, une structure assumant une responsabilité et visant un même objectif, soit sauver les enfants de la famille Ursrey et leur mère.

Pouvons-nous vraiment parler du groupe « les baigneurs de Panama Beach l'après-midi du 8 juillet 2017 », si ce même groupe n'a jamais existé auparavant et n'existera plus jamais après cette date ? Nous pouvons au moins admettre que si le groupe des baigneurs n'est pas exactement le même le 8 juillet 2017 entre 12h et 18h, puisque des gens partent et d'autres arrivent sans cesse, nous avons néanmoins une certaine unité, tout comme l'humanité a sans cesse évolué au cours des siècles mais conserve malgré tout une certaine identité fondamentale. En outre, si tous les groupes ne disposent pas nécessairement de structures aussi clairement identifiables que celles qui régulent une armée, un parti politique ou une compagnie pharmaceutique, il n'en demeure pas moins qu'une très grande partie de notre vie quotidienne s'inscrit dans des cadres et des structures collectives qui définissent notre rapport au temps et à l'espace, ce qui est le cas au travail ou même dans notre vie privée, par exemple avec nos amis. Ces entités collectives, comme celles de nos groupes d'amis, disposent d'une certaine autonomie : elles ne relèvent pas de notre arbitraire, tout comme les compagnies ne dépendent pas de celui de leurs dirigeants, du moins pas entièrement. La durée ne joue donc pas un

1. Exemple utilisé dans l'introduction de S. Bazargan-Forward et D. Tollefsen, *The Routledge Handbook of Collective Responsibility*, *op. cit.*, p. 1.

rôle central pour définir un groupe. Ce qui compte est que, pour former un groupe, il doit y avoir un but et une certaine communication entre les parties, ce qui n'implique pas forcément une structure formelle.

On peut donc admettre une responsabilité propre à l'existence de groupes spontanément formés. Cela étant, sans une certaine unité organisationnelle (même si celle-ci est implicite et rapidement formée), on ne saurait véritablement parler d'un *groupe* (un collectif) ni donc de *responsabilité collective*. La thèse de Held ne devrait donc pas s'étendre à n'importe quel ensemble d'individus. Bien entendu, nous pouvons poser la question de savoir s'il est possible de tenir responsable des personnes parce qu'elles n'ont pas constitué un groupe alors que cela aurait été non seulement possible, mais nécessaire. Si les baigneurs ne s'étaient pas regroupés pour sauver la famille en détresse, auraient-ils été responsables de leur noyade ? Dans ce cas, il serait possible de dire qu'on ne peut pas blâmer un groupe qui n'existe pas, mais qu'on peut tenir responsables – sans nécessairement présumer de leur culpabilité – les individus de n'avoir pas formé un groupe qui aurait pu sauver la famille de la noyade. Plus généralement, lorsqu'un groupe minimalement structuré n'a pas été formé pour régler un problème, on peut tout de même dire que, dans la mesure où il aurait été facile de former ce groupe, chaque individu a sa part de responsabilité. Ce qu'on appelle la tragédie des communs (le fait qu'une situation s'empire parce qu'elle n'est pas reconnue comme relevant de la responsabilité d'un individu particulier) est de la responsabilité de chacun puisqu'il est de la responsabilité de chacun de former un groupe qui pourra remédier à cette tragédie.

Par ailleurs, sans qu'il y ait des structures fortes, le simple fait qu'il y ait du collectif affecte les actions individuelles, comme c'est le cas lorsque nous sommes témoins parmi d'autres d'un drame où nous aurions pu intervenir et où chacun attend de voir la réaction des autres au lieu d'agir[1]. Un exemple serait les cas de noyade où les témoins demeurent comme paralysés dans l'attente d'une consigne ou d'un mouvement de groupe pour agir. Ce n'est pas l'indécision de chaque personne qui est ici en cause, mais la paralysie associée à une certaine forme d'interaction sans coordination. Nous pouvons en déduire que le fait du collectif dépend d'attentes de coordination.

RESPONSABILITÉ COLLECTIVE ET DEVOIR DE RÉPONDRE DE SES ACTES

Nous avons défendu plus haut la thèse de la responsabilité comme devoir de répondre, ce qui la distingue de la culpabilité. Nous aimerions maintenant soutenir que bon nombre des difficultés soulevées par la notion de responsabilité collective s'atténuent lorsque nous pensons cette dernière comme un devoir collectif de répondre de ses actes.

Jaspers et Arendt nous offrent déjà des éléments pour distinguer culpabilité et responsabilité, ce qui permet d'enlever une part de l'odieux au concept de responsabilité collective. Demander à une société ou un groupe quel qu'il

1. Voir M. Neuberg, « La responsabilité collective », dans M. Neuberg (dir.), *La responsabilité. Questions philosophiques*, Paris, Puf, 1997, p. 253-273. Sur la responsabilité des témoins, voir L. Radzik, « Bystanders and Shared Responsibility », *in* S. Bazargan-Forward, D. Tollefsen (eds.), *The Routledge Handbook of Collective Responsibility*, *op. cit.*, chap. XXII.

soit de répondre de ses actes ne signifie pas pour autant que nous jugeons tous les membres du groupe coupables d'une même faute. Mais, contre Lewis, Jaspers et Arendt, cela peut signifier qu'il est possible qu'un groupe soit coupable, s'il n'arrive pas à défendre ses actions, c'est-à-dire à les justifier ou à les excuser.

Tout comme pour l'agent individuel, il est possible de vérifier si un collectif a la capacité d'avoir des devoirs et d'expliquer ses gestes. Cela peut se faire par l'intermédiaire de membres du groupe agissant au nom de celui-ci, par exemple les ministres d'un gouvernement. Cela peut aussi avoir lieu en interpellant un groupe dans sa totalité, comme l'appel de Karl Jaspers au peuple allemand. En demandant au collectif de répondre de ses actes, celui-ci doit reconnaître ce qu'il a fait et expliquer son comportement, ce qui peut le conduire à se défendre ou au contraire à admettre ses fautes. Ce n'est que si l'agent collectif ne peut pas donner des raisons légitimes pour justifier ou excuser ses actes qu'il est fautif ou blâmable.

On peut imaginer une dynamique similaire quand vient le temps de tenir responsable le membre d'un groupe dont l'action a été jugée coupable. Étant membre de ce groupe, par exemple d'une entreprise émettrice de CO_2, il est d'emblée *responsable*, c'est-à-dire qu'il doit répondre lorsqu'on lui dit « *vous* avez contribué au réchauffement climatique ». Mais il peut ensuite présenter une excuse ou une justification, non pas de l'action de son groupe (qu'on présume injustifiée ou non-excusée dans le cas présent), mais de son adhésion au groupe. Il peut justifier son adhésion : « je suis resté dans cette entreprise pour tenter de changer sa politique d'émissions de CO_2, ce que je suis en partie parvenu à faire ». Il peut également tenter de l'excuser : « oui, l'action de l'entreprise à laquelle j'appartiens est inacceptable, mais je n'ai pas le pouvoir de la changer et c'est le seul emploi que j'ai réussi à obtenir. » Dans les deux cas, on tient l'individu responsable de la conduite de son groupe en vertu de son appartenance au groupe, mais cela n'implique pas qu'il soit coupable des actions du groupe, et ce, même si le groupe est (parfois) coupable de sa conduite. Pour filer notre exemple, il se pourrait qu'une compagnie soit coupable d'avoir produit une quantité monstrueuse d'émissions de gaz à effet de serre et que de ce fait elle doive payer une amende sans pour autant que ses employés aient à payer eux-mêmes une amende.

En outre, ce que nous avons nommé le « caractère conversationnel de la responsabilité » nous semble tout aussi juste lorsqu'il s'agit de penser la responsabilité collective. Là où un individu avait à expliquer sa conduite devant un autre, ici c'est le groupe qui doit s'expliquer devant d'autres groupes, des individus extérieurs ou même devant ses propres membres.

Les membres d'un groupe ne peuvent s'abriter derrière ses représentants pour éviter d'avoir à dire pourquoi il a commis tel ou tel geste. Le groupe agit comme un agent collectif grâce à une certaine structure organisationnelle, laquelle n'est pas possible sans communication entre les parties. Cela ne signifie pas, bien entendu, que toute personne à qui on demande de rendre des comptes est responsable. N'est responsable que celui à qui il est *légitime* ou *approprié* de demander de rendre des comptes.

DANS QUELS CAS AVONS-NOUS BESOIN DE LA RESPONSABILITÉ COLLECTIVE ?

Si la responsabilité collective ne va pas de soi, il serait difficile de nous priver de ce concept. Et dans bien des cas, la notion de responsabilité collective éclaire des enjeux économiques, socio-culturels et politiques qu'il serait laborieux de comprendre autrement.

Il existe ainsi un courant important de recherche en philosophie contemporaine sur la responsabilité sociale des entreprises. Si la responsabilité n'est pas ici qualifiée de « morale », elle ne réfère pas moins à l'idée selon laquelle une entreprise a à la fois des responsabilités à l'égard de ce qu'elle a fait et de ce qu'elle peut faire. C'est le cas lorsque le rôle des entreprises est associé au principe du développement durable ou encore à la promotion de valeurs sociales dans la gouvernance, au-delà du strict objectif de l'augmentation des bénéfices. Comme nous l'avons vu plus haut, pour Peter A. French, les compagnies et les entreprises ont de réelles responsabilités morales et ce indépendamment de la responsabilité individuelle de leurs membres. Lorsque nous disons que Renault ou Amazon ont des responsabilités à l'égard de leurs actionnaires, de leurs employés ou à l'égard d'une population donnée (par exemple, celle de Montélimar), il ne s'agit pas d'une simple métaphore. L'entité juridique qu'est Amazon doit respecter certaines obligations à l'égard de ses employés du site de Montélimar, même si elle n'a pas un esprit et encore moins un corps physique circonscrit dans le temps et dans l'espace. Pour French, cette absence de corps et d'esprit n'empêche pas que les compagnies disposent de structures décisionnelles internes – d'où leur relative autonomie morale – ce qui leur permet d'agir intentionnellement.

La responsabilité collective apparaît cruciale pour éviter de tout réduire à la responsabilité individuelle des membres, et par là donner lieu à ce que Stephanie Collins a nommé des « déficits de responsabilités » (*responsability gaps*), où un tort est commis mais pour lequel nul ne peut être tenu responsable. Supposons que le dirigeant d'une grande entreprise lance un programme technologique qui endommage des terres agricoles autour de ses centres de distribution. Si ce dirigeant meurt ou est tout simplement remplacé, son remplaçant ne pourrait pas ignorer les demandes de réparation des cultivateurs affectés, sous prétexte que c'était le dirigeant précédent qui était aux commandes[1].

La distinction entre culpabilité et responsabilité collective joue aussi un rôle important chez une philosophe comme Iris Young, qui défend un principe de responsabilité politique dans la lutte contre les injustices structurelles[2]. Selon elle, les injustices structurelles émergent des structures sociales, et non d'agents particuliers au sein des groupes sociaux. Pour œuvrer contre ce type d'injustices, il serait peu utile, voire vain, d'isoler des coupables, ou d'identifier des agents plus responsables que d'autres, ou encore de rechercher quels actes ont pu être déterminants. Ce qui compte est l'interaction d'un ensemble d'agents et d'actions, et non ces agents ou ces actions en eux-mêmes.

1. Voir S. Collins, « Collective Responsibility Gaps », *Journal of Business Ethics* 154, n° 4, 2019, p. 943-54.

2. Voir I. M. Young, *Responsibility for justice*, Oxford, Oxford University Press, 2011. Voir I. Aubert, M. Garrau et S. Guérard de Latour, « Iris Marion Young and Responsibility », *Critical Horizons*, vol. 20, n° 2. p. 103-108 et M. Garrau, « De notre responsabilité pour la justice. Penser le politique avec Iris Marion Young. Avant-propos », *Archives de Philosophie* 3, 2022, p. 5-12.

De plus, en se concentrant sur les structures sociales, nous ne focalisons pas la discussion sur les résultats actuels des actes, qui seraient alors étudiés de manière strictement rétrospective, mais plutôt sur ce qui a rendu et rend toujours possible de telles conséquences.

Un exemple de l'importance conceptuelle de la responsabilité collective en matière de politique est le débat sur le racisme systémique. Associée à une mise en accusation d'une communauté tout entière, la charge de racisme systémique reviendrait à dire que chaque personne du groupe est raciste. Or, le racisme systémique correspond davantage à un ensemble de discriminations qui ne résultent pas de logiques individuelles. Celles-ci comptent peu lorsque même les actes équitables à l'égard des personnes racisées se trouvent annulés par une organisation sociétale reproduisant les inégalités dans l'accès la santé, à l'éducation, au logement, au loisir, ou encore à l'emploi. Un membre du collectif n'est pas responsable parce qu'il est lui-même raciste, mais parce que le groupe auquel il appartient entretient certains mécanismes injustes. Il se pourrait que ce groupe ait au départ une excuse s'il ne pouvait pas savoir à quel point différentes personnes avaient un accès différent auxdits services (ou si les injustices étaient impossibles à redresser rapidement) ; mais un groupe qui maintient volontairement ces mécanismes injustes risque fort de se comporter de façon inexcusable.

Il est très fréquent d'entendre parler de responsabilité collective au sujet de nos obligations à l'égard des générations futures. La grande difficulté ici est que si nous nous entendons généralement pour dire que les personnes du futur ont des droits ou des intérêts, il est difficile d'identifier qui exactement a la charge de cette responsabilité et envers quels individus exactement nous sommes obligés. Une telle question dépasse évidemment les frontières étatiques et met en lumière de nombreux enjeux de responsabilité collective à l'échelle planétaire, que ce soit au sujet des changements climatiques et de la justice environnementale, de la justice des marchés internationaux, des legs du colonialisme et de l'esclavage, tout comme les demandes de réparation à l'égard des injustices commises contre les populations autochtones, comme c'est le cas au Canada.

Enfin, les conflits militaires soulèvent également d'importants enjeux de responsabilité collective[1]. Les citoyens d'un État doivent-ils être tenus pour responsables des crimes commis en leur nom ? Les lois internationales attribuent des responsabilités aux États de manière holiste. Seul l'État, comme entité juridique, est tenu responsable d'actes violant les lois internationales. Mais dans les faits, les effets des sanctions imposées aux États, comme les obligations de réparation, sont imposés aux membres de l'État. S'il est possible de dire qu'il s'agit d'un effet secondaire de la sanction – celle-ci ne vise pas directement les individus – il n'en demeure pas moins que cela soulève de nombreux problèmes[2]. On le voit, malgré toutes les difficultés qu'une telle notion soulève, il est très difficile de faire l'économie du concept de responsabilité collective.

1. A. Stilz, « Collective Responsibility and the State », *The Journal of Political Philosophy*, vol. 19, n° 2, 2011, p. 190-208.

2. Voir Chr. Nadeau, « Just War, Citizens'Responsibility, and Public Intellectuals », *Revue internationale de philosophie* 274, n° 4, 2015, p. 425-438 et « Responsabilité collective, justice réparatrice et droit pénal international », *Revue française de science politique* 58, 2008, p. 915-931.

TEXTES ET COMMENTAIRES

TEXTE 1

ARISTOTE
Éthique à Nicomaque[1]

1109b–1110b : <Actes volontaires et actes involontaires. De la contrainte>

Puisque la vertu a rapport à la fois à des affections et à des actions, et que ces états peuvent être soit volontaires, et encourir l'éloge ou le blâme, soit involontaires, et provoquer l'indulgence et parfois même la pitié, il est sans doute indispensable, pour ceux qui font porter leur examen sur la vertu, de distinguer entre le volontaire et l'involontaire ; et cela est également utile au législateur pour établir des récompenses et des châtiments.

On admet d'ordinaire qu'un acte est involontaire quand
| il est fait sous la contrainte, ou par ignorance. Est fait 1110a
par contrainte tout ce qui a son principe hors de nous, c'est-à-dire un principe dans lequel on ne relève aucun concours de l'agent ou du patient : si, par exemple, on est emporté quelque part, soit par le vent, soit par des gens qui vous tiennent en leur pouvoir.

Mais pour les actes accomplis par crainte de plus grands maux ou pour quelque noble motif (par exemple, si un tyran

1. Aristote, *Éthique à Nicomaque*, trad. fr. J. Tricot, Paris, Vrin, 1990, livre III, p. 127-131.

nous ordonne d'accomplir une action honteuse, alors qu'il tient en son pouvoir nos parents et nos enfants, et qu'en accomplissant cette action nous assurerions leur salut, et en refusant de la faire, leur mort), pour de telles actions la question est débattue de savoir si elles sont volontaires ou involontaires. C'est là encore ce qui se produit dans le cas d'une cargaison que l'on jette par-dessus bord au cours d'une tempête : dans l'absolu, personne ne se débarrasse ainsi de son bien volontairement, mais quand il s'agit de son propre salut et de celui de ses compagnons un homme de sens agit toujours ainsi. De telles actions sont donc mixtes, tout en ressemblant plutôt à des actions volontaires, car elles sont librement choisies au moment où on les accomplit, et la fin de l'action varie avec les circonstances de temps. On doit donc, pour qualifier une action de volontaire ou d'involontaire, se référer au moment où elle s'accomplit. Or ici l'homme agit volontairement, car le principe qui, en de telles actions, meut les parties instrumentales de son corps, réside en lui, et les choses dont le principe est en l'homme même, il dépend de lui de les faire ou de ne pas les faire. Volontaires sont donc les actions de ce genre, quoique dans l'absolu elles soient peut-être involontaires, puisque personne ne choisirait jamais une pareille action en elle-même.

Les actions de cette nature sont aussi parfois objet d'éloge quand on souffre avec constance quelque chose de honteux ou d'affligeant en contrepartie de grands et beaux avantages ; dans le cas opposé, au contraire, elles sont objet de blâme, car endurer les plus grandes indignités pour n'en retirer qu'un avantage nul ou médiocre est le fait d'une âme basse. Dans le cas de certaines actions, ce n'est pas l'éloge qu'on provoque, mais l'indulgence : c'est lorsqu'on accomplit une action qu'on ne doit pas faire, pour éviter des maux qui surpassent les forces humaines et que personne ne pourrait supporter. Cependant il existe sans doute des actes qu'on ne peut jamais être contraint d'accomplir, et auxquels nous devons préférer subir la mort la plus épouvantable : car les motifs qui ont contraint par exemple l'Alcméon d'Euripide à tuer sa mère apparaissent bien ridicules. Et s'il est difficile parfois de discerner, dans une action donnée, quel parti nous devons adopter et à quel prix, ou quel mal nous devons endurer en échange de quel avantage, il est encore plus difficile de persister dans ce que nous avons décidé, car la plupart du temps ce à quoi l'on s'attend est pénible et ce qu'on est contraint de faire, honteux ; et c'est pourquoi louange et blâme nous sont dispensés suivant que nous cédons ou que nous résistons à cette contrainte.

|Quelles sortes d'actions faut-il dès lors appeler forcées ? 1110b
Ne devons-nous pas dire qu'au sens absolu, c'est lorsque leur cause réside dans les choses hors de nous, et que l'agent n'y a en rien contribué ? Les actions qui, en elles-mêmes, sont involontaires, mais qui, à tel moment et en retour d'avantages déterminés, ont été librement choisies et dont le principe réside dans l'agent, sont assurément en elles-mêmes involontaires, mais, à tel moment et en retour de tels avantages, deviennent volontaires et ressemblent plutôt à des actions volontaires : car les actions font partie des choses particulières, et ces actions particulières sont ici volontaires. Mais quelles sortes de choses doit-on choisir à la place de quelles autres, cela n'est pas aisé à établir, car il existe de multiples diversités dans les actes particuliers.

Et si on prétendait que les choses agréables et les choses nobles ont une force contraignante (puisqu'elles agissent sur nous de l'extérieur), toutes les actions seraient à ce compte-là des actions forcées, car c'est en vue de ces satisfactions qu'on accomplit toujours toutes ses actions. De plus, les actes faits par contrainte et involontairement sont accompagnés d'un sentiment de tristesse, tandis que les actes ayant pour fin une chose agréable ou noble sont faits avec plaisir. Il est dès lors ridicule d'accuser les choses extérieures et non pas soi-même, sous prétexte qu'on est facilement capté par leurs séductions, et de ne se considérer soi-même comme cause que des bonnes actions, rejetant la responsabilité des actions honteuses sur la force contraignante du plaisir.

Ainsi donc, il apparait bien que l'acte forcé soit celui qui a son principe hors de nous, sans aucun concours de l'agent qui subit la contrainte.

1110b – 1111a : <Actes involontaires résultant de l'ignorance>

L'acte fait par ignorance est toujours non volontaire ; il n'est involontaire que si l'agent en éprouve affliction et repentir. En effet, l'homme qui, après avoir accompli par ignorance une action quelconque, ne ressent aucun déplaisir de son acte, n'a pas agi volontairement, puisqu'il ne savait pas ce qu'il faisait, mais il n'a pas non plus agi involontairement, puisqu'il n'en éprouve aucun chagrin. Les actes faits par ignorance sont dès lors de deux sortes : si l'agent en ressent du repentir, on estime qu'il a agi involontairement ; et s'il ne se repent pas, on pourra dire, pour marquer la distinction avec le cas précédent, qu'il a agi non volontairement : puisque ce second cas est différent du premier, il est préférable, en effet, de lui donner un nom qui lui soit propre.

Il y a aussi, semble-t-il bien, une différence entre agir par ignorance et accomplir un acte dans l'ignorance : ainsi, l'homme ivre ou l'homme en colère, pense-t-on, agit non

par ignorance mais par l'une des causes que nous venons de mentionner, bien qu'il ne sache pas ce qu'il fait mais se trouve en état d'ignorance. Ainsi donc, tout homme pervers ignore les choses qu'il doit faire et celles qu'il doit éviter, et c'est cette sorte d'erreur qui engendre chez l'homme l'injustice et le vice en général. Mais on a tort de vouloir appliquer l'expression « involontaire » à une action dont l'auteur est dans l'ignorance de ce qui lui est avantageux. En effet, ce n'est pas l'ignorance dans le choix délibéré qui est cause du caractère involontaire de l'acte (elle est seulement cause de sa perversité), et ce n'est pas non plus l'ignorance des règles générales de conduite (puisque une ignorance de ce genre attire le blâme) : <ce qui rend l'action involontaire>, c'est l'ignorance des particularités
| de l'acte, c'est-à-dire de ses circonstances et de son 1111a
objet, car c'est dans ces cas-là que s'exercent la pitié et l'indulgence, parce que celui qui est dans l'ignorance de quelqu'un de ces facteurs agit involontairement.

Dans ces conditions, il n'est peut-être pas sans intérêt de déterminer quelle est la nature et le nombre de ces particularités. Elles concernent : l'agent lui-même ; l'acte ; la personne ou la chose objet de l'acte ; quelquefois encore ce par quoi l'acte est fait (c'est-à-dire l'instrument) ; le résultat qu'on en attend (par exemple, sauver la vie d'un homme) ; la façon enfin dont il est accompli (doucement, par exemple, ou avec force). Ces différentes circonstances, personne, à moins d'être fou, ne saurait les ignorer toutes à la fois ; il est évident aussi que l'ignorance ne peut pas non plus porter sur l'agent, car comment s'ignorer soi-même ? Par contre, l'ignorance peut porter sur l'acte, comme, par exemple, quand on dit : cela leur a échappé en parlant, ou ils ne savaient pas qu'il s'agissait de choses secrètes, comme Eschyle le dit des Mystères, ou voulant seulement faire une démonstration, il a lâché le trait, comme le disait l'homme aux catapultes. On peut aussi prendre son propre fils pour un ennemi, comme Mérope, ou une lance acérée pour une lance mouchetée, ou une pierre ordinaire pour une pierre ponce ; ou encore, avec l'intention de lui sauver la vie, tuer quelqu'un en lui donnant une potion ; ou en voulant le toucher légèrement, comme dans la lutte à main plate, le frapper pour de bon. L'ignorance pouvant dès lors porter sur toutes ces circonstances au sein desquelles l'action se produit, l'homme qui a ignoré l'une d'entre elles est regardé comme ayant agi involontairement, surtout si son ignorance porte sur les plus importantes, et parmi les plus importantes sont, semble-t-il, celles qui tiennent à l'acte lui-même et au résultat qu'on espérait.

Telle est donc la sorte d'ignorance qui permet d'appeler un acte, involontaire, mais encore faut-il que cet acte soit accompagné, chez son auteur, d'affliction et de repentir.

COMMENTAIRE

CONTRAINTE ET IGNORANCE

La discussion d'Aristote concerne l'action, ce que nous faisons, et, dans une moindre mesure, l'affection, ce que nous subissons. Quand sont-elles volontaires (*hekôn*), c'est-à-dire faites ou subies de plein gré et quand sont-elles involontaires (*akôn*), c'est-à-dire faites ou subies malgré nous[1] ?

Cette question est importante puisque, comme le dit Aristote, les actions et affections volontaires sont, en général[2], propres à « encourir l'éloge ou le blâme » alors que les actions et affections involontaires sont plutôt propres à « provoquer l'indulgence et parfois la pitié ».

1. Nous nous tenons à la traduction de Tricot qui emploie le terme « volontaire », mais en notant qu'Aristote n'utilise pas l'appareillage conceptuel de la *volonté* comme faculté productrice de volitions. Pour une critique de cette doctrine, voir A. Kenny, *Aristotle's Theory of the Will*, New Haven, Yale University Press, 1979. C'est ce qui amène Laetitia Monteils-Laeng à suggérer la traduction « malgré soi » pour parler de l'involontaire et « de plein gré » pour parler du volontaire. Voir L. Monteils-Lang, « Perspectives antiques sur la philosophie du consentement », *Tracés. Revue de Sciences humaines*, n° 14, 2008, p. 31-43.

2. « En général » puisque, de l'aveu même d'Aristote, les enfants agissent volontairement [EN 1111a-111b] même s'ils ne sont pas pleinement responsables [EN 1149b ; EE 1124a].

Autrement dit, la question du volontaire est importante parce qu'elle nous aide à déterminer de quoi nous sommes responsables[1]. De toute évidence, c'est une question cruciale pour l'éthique et le droit[2].

Aristote a deux points de départ. Le premier est l'opinion « ordinaire », selon laquelle la contrainte (comme l'ignorance) supprime le caractère volontaire de l'action [1109b-1110a]. Aristote nous donne tout de suite deux exemples de ce qui est involontaire : être « emporté quelque part, soit par le vent, soit par des gens qui vous tiennent en leur pouvoir » [1110a]. Or, il est clair que nous ne pouvons pas dire que ce soient des cas d'actions : nous sommes déplacés, mais nous n'agissons pas[3]. Cela confirme qu'Aristote s'intéresse non seulement à la question de la volontarité des actions, mais aussi de celle des affections. Lorsque ces affections sont contraintes, elles sont involontaires (nous y reviendrons).

Le second point de départ d'Aristote est théorique. L'action ou l'affection volontaire est celle dont nous sommes la source, le « principe » (*archè*) [1110a]. Qu'est-ce que cela signifie ? Pour être la source de quelque chose, nous devons en être la cause (dans le sens ordinaire). Mais

1. Pour une défense en règle de la thèse selon laquelle Aristote présente une théorie de la responsabilité morale, voir S. S. Meyer, *Aristotle on Moral Responsibility : Character and Cause*, Oxford, New York, Oxford University Press, 2011.

2. Cela concorde avec la thèse selon laquelle Aristote s'adresse au politique. Voir sur ce sujet R. Bodéüs, *Le philosophe et la Cité : Recherches sur les rapports entre morale et politique dans la pensée d'Aristote*, Liège, Presses universitaires de Liège, 2013, chap. I.

3. C'est par exemple ce qu'affirme D. Klimchuk « Aristotle on Necessity and Voluntariness », *History of Philosophy Quarterly* 19, nº 1, 2002.

cela est insuffisant ; nous pouvons, par exemple, causer le réveil de notre conjoint en ronflant sans que nous en soyons pour autant la source au sens qui nous intéresse ici. Ce dont nous sommes la source vient plutôt de quelque chose comme notre choix ou notre caractère[1].

Aristote contre Aristote sur la contrainte

Aristote en vient rapidement au nœud de l'affaire. Qu'en est-il d'actions faites sous la contrainte, comme lorsqu'un individu agit honteusement sous la menace d'un tyran ou lorsque des marins jettent une cargaison en pleine mer pour éviter de tanguer ? Agissent-ils volontairement ? La question est difficile. D'un côté, on est tenté de penser qu'il s'agit d'actes involontaires, car, comme le dit Aristote à propos du second cas, « dans l'absolu, personne ne se débarrasse ainsi de son bien volontairement ». En outre, le concept de volontaire est lié au blâme et l'on n'est pas porté à blâmer les marins ou l'individu menacé. D'un autre côté, Aristote veut définir le volontaire comme ce qui vient de nous. Sauf dans de rares cas où il perd tous ses moyens, l'individu menacé délibère et agit intentionnellement, même s'il le fait à contrecœur. Il garde le contrôle, en un certain sens : « le principe qui, en de telles actions, meut les parties instrumentales de son corps, réside en lui, et les choses dont le principe est en l'homme même, il dépend de lui de les faire ou de ne pas les faire. » [1110a]

1. S. S. Meyer, *Aristotle on Moral Responsibility*, *op. cit.*, chap. III soutient que, pour Aristote, les agents sont louables ou blâmables des actions causées par leurs caractères.

On peut résumer ces considérations ainsi :

1) Certaines actions faites sous la contrainte dépendent de nous (de notre choix[1]).
2) Si une action dépend de nous (de notre choix), elle est volontaire.
3) Pourtant, les actions faites sous la contrainte sont involontaires.

Il est impossible de conserver ces trois thèses sans se contredire. Voilà un trilemme difficile : il faut rejeter (1), ou rejeter (2) ou rejeter (3), or chaque thèse est intuitive.

Aristote se montre d'abord accommodant, puisqu'il parle de « cas mixtes », ce qui suggère que ce que nous faisons sous la contrainte est à la fois volontaire et involontaire. Ultimement, il prend position : « Volontaires sont donc les actions de ce genre [les actions contraintes], quoique dans l'absolu elles soient peut-être involontaires, puisque personne ne choisirait jamais une pareille action en elle-même. » [1110a] Autrement dit, Aristote rejette (3) ; il affirme que l'action faite sous la contrainte peut être volontaire.

Pourtant, dans l'*Éthique à Eudème*, Aristote semble en arriver à la conclusion opposée :

> C'est lorsqu'un homme fait quelque chose de mal en vue d'un bien, ou pour être délivré d'un autre mal, qu'il agira par nécessité et par contrainte, ou en tout cas pas par nature ; et alors il agira vraiment involontairement, car ces actions ne reposent pas sur lui-même. (EE 1225a)

1. Même si, comme le croit Meyer, c'est la dépendance à notre *caractère* qui rend notre action volontaire, on peut accepter cette formulation, dans la mesure où c'est notre caractère qui guide notre choix.

Celui qui jette sa cargaison par-dessus bord pour sauver son bateau agit donc involontairement : ses actions ne « reposent pas sur lui-même » ; autrement dit, elles lui sont imposées de l'extérieur. Cette solution revient plutôt à nier (1) : l'action faite sous la contrainte ne dépend pas de nous[1].

UNE SOLUTION AU TRILEMME

Curieusement, Aristote nous donne lui-même dans l'*Éthique à Nicomaque* la piste d'un argument en faveur de la doctrine de l'*Éthique à Eudème*. Car rappelons-nous qu'il ouvre le texte en abordant non seulement l'action, mais l'affection également[2]. Le problème du volontaire concerne les deux entités, comme le rappelle John Hyman :

> Que nous décrivions quelqu'un comme adhérant *volontairement* à un syndicat, étant embrassé ou porté *volontairement*, ou encore mourant *volontairement*, nous utilisons le même mot pour exprimer la même idée. En fait, il devrait être évident qu'il peut être tout aussi important de savoir si une personne a subi ou reçu un acte volontairement, par exemple une procédure médicale ou un acte sexuel, que de savoir si une personne a effectué un acte volontairement[3].

1. L'interprétation de ce passage est difficile. Kenny, par exemple, pense qu'une traduction différente permet d'éviter toute contradiction avec l'*Éthique à Nicomaque*. Voir A. Kenny, *Aristotle's Theory of the Will*, *op. cit.*

2. Cela dit, en EN, 2, 4, 1105b, Aristote indique bien que nous ne sommes pas blâmés ou loués pour nos émotions.

3. J. Hyman, *Action, Knowledge, and Will*, *op. cit.*, p. 88-89, traduction libre.

Est-ce qu'une affection peut être volontaire si elle est acceptée sous la contrainte ? Supposons qu'une personne est menacée de sévices si elle n'accepte de se faire tatouer la marque d'un gang. Clairement, cette menace vicie son consentement[1] ; on ne peut donc pas dire qu'elle se fait volontairement tatouer. La capacité qu'a cette personne de refuser de se soumettre ne change strictement rien, tant que la menace est sérieuse[2].

Cela donne un argument solide en faveur de la thèse selon laquelle la contrainte supprime le caractère volontaire de l'action[3]. Les conditions de l'*action* volontaire et de l'*affection* volontaire sont identiques. Or, l'affection volontaire exclut nécessairement la contrainte sérieuse puisque la contrainte vicie le consentement. Donc, l'action volontaire exclut nécessairement la contrainte sérieuse. Cet argument mine sérieusement la doctrine de l'*Éthique à Nicomaque.*

Faut-il alors donner raison à l'*Éthique à Eudème* et rejeter la thèse selon laquelle l'action contrainte dépend de nous ? Est-ce que l'action contrainte « repose hors de nous » ? Il semble pourtant que non : l'action contrainte

1. Sur la question du consentement chez Aristote, L. Monteils-Lang, « Perspectives antiques sur la philosophie du consentement », art. cit. Laetitia Monteils-Laeng affirme que le consentement ne saurait exister pour Aristote puisqu'il ne conçoit pas l'existence d'une *volonté* (et donc d'un assentiment de la volonté) ; mais il est tentant de définir le consentement sans référence à la volonté.

2. Il en va de même pour la question du viol : il serait « absurde et répugnant » d'affirmer qu'une femme se soit « volontairement soumise » à la menace parce qu'elle était littéralement capable de choisir de résister. Voir J. Hyman, *Action, Knowledge, and Will*, *op. cit.*, p. 89.

3. Voir aussi J. Hyman, « Voluntariness and Intention », *Jurisprudence* 7, n° 3, 2016, p. 694-99.

peut très bien être délibérée (résulter de nos délibérations) et intentionnelle (viser quelque chose).

Une meilleure option s'offre à nous, si nous distinguons deux sens du choix. Nous pourrions dire qu'une personne a un choix *strict* lorsqu'elle a plusieurs options, mais qu'elle a un choix *plein* si ces options sont parfois acceptables, c'est-à-dire si elles n'exigent pas un sacrifice déraisonnable. (Hyman parle de « *eligible alternatives* ».) Le trilemme serait alors résolu :

(1*) Certaines actions faites sous la contrainte dépendent de nous (de notre choix *strict*).

(2*) Si une action dépend de nous (de notre choix *plein*) elle est volontaire.

(3) L'action contrainte n'est pas volontaire.

Nul problème ici : on peut accepter les trois principes. Sur le point principal, à savoir que l'acte contraint est involontaire, l'*Éthique à Eudème* a le haut du pavé[1].

Contrainte et responsabilité

Il faut prendre au sérieux la dimension pleinement éthique de la responsabilité chez Aristote[2], comme on peut le voir lorsqu'il lie au volontaire « l'éloge ou le blâme » et à l'involontaire « l'indulgence et la pitié ». Dire qu'une action est involontaire sert généralement à en disculper le sujet.

1. Voir D. Klimchuk « Aristotle on Necessity and Voluntariness », art. cit., p. 11-16, pour une solution similaire. Il y défend la thèse selon laquelle l'action contrainte est mixte, mais plus similaire à l'action involontaire, puisque son principe (*archè*) se trouve d'abord et avant tout dans les circonstances.

2. Cette thèse aristotélicienne a une longue postérité, qu'on retrouve notamment chez Gilbert Ryle. Voir G. Ryle, *La Notion d'esprit*, *op. cit.*

Est-ce à dire que toute action responsable est volontaire ? La question n'est pas évidente, même à la lumière de la discussion précédente. Supposons, pour reprendre l'exemple d'Aristote, qu'une personne se soumette à l'exigence d'un tyran et effectue un acte honteux. Nous avons dit que son acte est involontaire. Il n'en serait alors pas responsable. Pourtant, si le même individu refusait courageusement de se soumettre, il serait responsable ; en particulier, il mériterait des louanges ou une récompense. Cette asymétrie est troublante : comment un individu qui délibère à propos de faire A ou B pourrait-il être responsable de A s'il le faisait, mais pas de B s'il le faisait ? On a envie, dans le sillage de l'*Éthique à Nicomaque* de dire que, comme la victime du tyran, nous sommes responsables de toutes nos actions choisies, mêmes nos actions contraintes.

Ce problème se résout lorsque nous rappelons ce que nous avons dit de la responsabilité dans le premier chapitre. Nous y avons affirmé qu'être responsable d'un acte, c'est devoir en répondre. Mais, avons-nous dit, cette réponse a deux volets. Pour l'action mauvaise du moins, il y a d'abord l'explication – l'accusé accepte avoir posé le geste et se soumet à l'exigence d'explication. Si l'explication est refusée, il y a ensuite l'expiation – l'accusé vit avec les contrecoups de son geste ; il est blâmé, puni, etc.

La solution au problème est donc la suivante. Nous pouvons être responsables de certains de nos actes involontaires parce que nous pouvons en être responsables *sous le premier volet*. C'est-à-dire que nous devons *expliquer* nos actes, même s'ils étaient involontaires ; nous pouvons entre autres en expliquer les raisons (« le tyran m'y a contraint »). Mais cela ne veut pas dire qu'il est approprié que nous soyons blâmés ou punis pour nos actes involontaires. En effet, lorsqu'un acte mauvais est involontaire, nous avons une excuse, en l'occurence la contrainte. Cette excuse exclut notre blâmabilité (même si elle n'exclut pas notre responsabilité) parce qu'elle montre que nous n'avons pas fait preuve de mauvaise volonté.

Bref, nous pouvons être *responsables* (au sens du devoir de répondre) de certaines de nos actions involontaires. Mais cela ne veut pas dire que nous puissions être *fautifs* d'avoir agi involontairement. Nous ne le pouvons pas, puisque la contrainte nous excuse.

Ignorance et volontarité

L'action contrainte n'est ni volontaire ni fautive. Que dire de l'action effectuée par ignorance ? Malgré le caractère très condensé des remarques d'Aristote, on réussit à en tirer deux thèses remarquables sur la question.

L'acte involontaire s'accompagne nécessairement du repentir

Pour Aristote, une action accomplie par ignorance ne peut être involontaire que si elle provoque le repentir. Cette idée est surprenante, puisque le repentir n'est exprimé que plus tard – et parfois bien plus tard – c'est-à-dire lorsqu'on comprend notre erreur. Or, vraisemblablement, ce qui détermine si notre action est involontaire se déroule *pendant* ou *avant* l'action et non *après*.

Il est tentant de ne voir dans le repentir qu'un simple *indice* du caractère involontaire de l'action. Pour déterminer si l'action d'un individu est volontaire, il est utile de vérifier s'il s'en repend. Or, Aristote ne se limite pas à cette thèse : sans repentir, dit-il, l'action n'est pas involontaire (elle n'est pas forcément volontaire non plus).

Pourquoi ?

La réponse est simple, même si elle est implicite : pour Aristote, le volontaire est un concept *éthique*, lié au blâme et à la louange et plus généralement à notre façon de réagir aux faits et gestes d'autrui. Or, du point de vue éthique, il semble y avoir une différence majeure entre, d'une part, le cas où une personne agit par ignorance, mais se repent ; et, d'autre part, le cas où une personne agit par ignorance, mais ne se repent pas. Aristote marque la distinction en considérant que, si ce sont deux cas d'action « non volontaire », seule l'action de la personne qui se repend est « involontaire ».

Aristote ne nous dit pas précisément quelle attitude adopter devant un geste strictement *non volontaire*, mais on peut très bien imaginer que si le blâme n'est peut-être pas entièrement approprié (la conduite n'était pas *volontaire*, après tout), quelque chose comme la critique peut l'être (la conduite n'était pas non plus *involontaire*).

L'ignorance normative ne s'oppose pas au volontaire

Supposons que Pénélope blesse sa mère par ses paroles, par exemple en disant « j'ai l'impression de perdre mon temps quand je le passe en famille ». Imaginons que cette action soit faite par ignorance. Était-ce une action volontaire ? Pour Aristote, on ne peut pas donner une réponse faute de plus de détail. Il faut déterminer le genre d'ignorance qui est à l'œuvre.

Il y a, en premier lieu, *l'ignorance factuelle*, c'est-à-dire l'ignorance des circonstances. Par exemple, une personne peut révéler un secret alors qu'elle croyait qu'il s'agissait d'un fait connu de tous ; ou encore elle peut empoisonner quelqu'un en étant convaincue de lui donner un remède.

Dans chaque cas, la personne se méprend sur *ce qu'elle est en train de faire* (révéler un secret ou non ?) ou sur les *conséquences de ce qu'elle est en train de faire* (la mort ou la guérison ?)[1].

Le deuxième genre d'ignorance est *l'ignorance normative.* Il s'agit de l'ignorance « des règles de conduite » ou encore « dans le choix délibéré », c'est-à-dire que l'agent a mal évalué le meilleur moyen d'atteindre une fin[2]. Ainsi, un individu peut se méprendre en pensant qu'il est acceptable de faire de l'évasion fiscale (ignorance des règles de conduite) ou croire à tort que la meilleure façon de gagner le respect de ses collègues est de leur répéter à quel point il travaille plus qu'eux (ignorance dans la délibération).

Reprenons : Pénélope a-t-elle volontairement blessé quelqu'un si elle l'a fait par ignorance ? La réponse d'Aristote semble être la suivante. Si elle a blessé quelqu'un par ignorance des circonstances – par exemple, elle ignorait que son interlocuteur était sa mère et non sa thérapeute – alors, le geste de Pénélope n'était pas volontaire. En revanche, si elle a blessé quelqu'un par ignorance normative – par exemple, elle était convaincue qu'il n'y avait rien de mal à blesser sa mère par ses propos –, son geste était volontaire.

1. Bien sûr, l'ignorance des circonstances peut être classifiée avec plus de précision ; Aristote, nous dit qu'elle peut concerner l'agent, l'acte, l'objet de l'acte, l'instrument, le résultat et enfin la manière.

2. Pour Aristote, la délibération est une enquête dont l'objet est le meilleur moyen manière d'atteindre une fin, fin qui n'est pas sujette à la délibération [Éthique à Nicomaque, III, 4-5]. Voir K M. Nielsen, « Deliberation as Inquiry : Aristotle's Alternative to the Presumption of Open Alternatives », *The Philosophical Review* 120, n° 3, 2011, p. 383-421.

La solution est élégante. Cela étant, on a bien envie de dire que, même si l'ignorance de Pénélope était normative, elle n'a pas *fait le mal* volontairement. Et on aimerait ajouter que, même si l'ignorance de Pénélope était factuelle, elle a *dit ce qu'elle a dit* volontairement. Bref, il est tentant de soutenir que ce n'est pas le genre d'ignorance – normative ou factuelle – qui détermine si l'action est volontaire. Tout ce qu'il faut savoir pour déterminer si une action est volontaire, c'est de *quelle action* (ou de quelle description d'action) on parle précisément[1]. Demande-t-on si Pénélope a *fait le mal* volontairement ? La réponse est négative. Demande-t-on si Pénélope *a dit volontairement « j'ai l'impression de perdre mon temps quand je le passe en famille »* ? La réponse est positive. Demande-t-on, enfin, si Pénélope a blessé sa mère volontairement ? Si elle était consciente de la blesser, oui ; sinon, non.

Bref, contrairement à la suggestion d'Aristote, il semble que l'ignorance, peu importe sa forme, peut rendre l'action involontaire. L'action est volontaire seulement si elle est voulue, mais elle ne peut être voulue si l'on ignore qu'on la fait.

IGNORANCE ET RESPONSABILITÉ

Malgré tout, la position d'Aristote conserve un attrait indéniable, qu'on remarque si l'on se rappelle le rôle éthique de la notion de volontaire. Si un individu blesse quelqu'un parce qu'il a des valeurs douteuses (par exemple, il croit que le mensonge n'est pas problématique), il semble tout à fait approprié de lui en tenir rigueur. Mais si un individu blesse quelqu'un parce qu'il n'a pas bien saisi les

1. Sur cette question, voir D. Klimchuk « Aristotle on Necessity and Voluntariness », art. cit.

circonstances, cela doit au moins l'excuser partiellement. C'est la raison explicite pour laquelle Aristote croit que l'ignorance des circonstances est la seule qui puisse rendre l'action involontaire (1110b-1111a).

Ce qu'Aristote dit du volontaire est beaucoup plus plausible s'il porte sur la *responsabilité* ou la blâmabilité. Reprenons le cas de Pénélope. Elle blesse sa mère en lui disant qu'elle perd son temps lorsqu'elle le passe en famille. Est-elle blâmable de cet état de chose regrettable qu'elle a causé, à savoir la tristesse de sa mère ? Cela ne dépend pas seulement de ce qu'elle a voulu. C'est sans doute involontairement qu'elle a fait quelque chose de mal. Mais cela n'exclut pas d'emblée sa responsabilité et même sa blâmabilité. Tout dépend du type d'ignorance en cause. Si Pénélope pensait qu'il n'y avait rien de mal à tenir des propos blessants pour sa mère, alors il n'y a aucun doute qu'on peut lui en tenir rigueur. En fait, non seulement peut-on lui demander d'expliquer son geste, mais on peut lui demander, par exemple, de s'excuser. Mais si Pénélope pensait avoir sa thérapeute au bout du fil, alors on a envie de dire qu'elle a une bonne excuse, et donc qu'elle ne mérite pas le blâme.

Bref, même si ce que dit Aristote au sujet de la volontarité et l'ignorance semble d'abord inexact, son propos peut facilement être adapté : l'ignorance factuelle, mais pas l'ignorance normative, excuse[1].

1. La différence pour la responsabilité entre l'ignorance normative et l'ignorance factuelle peut se constater lorsqu'on s'intéresse aux cas contraires, où un agent fait *la bonne chose*, malgré son ignorance. L'ignorance factuelle peut empêcher mon action d'être louable, comme lorsque je donne un antidote à un malade croyant lui donner un poison. En comparaison, l'ignorance normative n'exclut pas la louabilité. Lorsque Huckleberry Finn refuse de dénoncer aux autorités son ami

Jim, ancien esclave en cavale, son comportement est louable, même s'il croit agir à tort. Voir N. Arpaly, « Moral Worth », *The Journal of Philosophy* 99, n° 5, 2002, p. 223-245.

TEXTE 2

Margaret Gilbert
« *La responsabilité collective et ses implications* »[1]

« Je » et « nous » :
qui est responsable d'une faute collective ?

Je reviens maintenant à la question essentielle. Si nous avons agi de façon blâmable, que cela signifie-t-il pour moi ? Et en particulier, que cela implique-t-il pour ma responsabilité personnelle ? Sur ce point, je me propose d'examiner d'abord la situation d'un individu ayant appartenu à un groupe donné au moment où celui-ci commettait un acte répréhensible. Puis, je m'intéresserai au cas d'une personne qui n'appartenait pas encore au groupe au moment où cet acte fut perpétré – peut-être même n'était-elle pas encore née. On verra que ces deux situations ont beaucoup en commun au regard du problème qui nous occupe.

Responsabilité des membres du groupe
au moment d'une action répréhensible

Qu'en est-il, donc, des individus appartenant à un groupe donné au moment où celui-ci agit de façon

1. M. Gilbert, « La responsabilité collective et ses implications », trad. fr. I. Bérélowitch, *Revue française de science politique*, vol. 58, n° 6, 2008, p. 899-913.

blâmable ? En quoi la responsabilité personnelle de chacun de ses membres est-elle induite ? Du point de vue logique, on ne peut rien en dire de prime abord. Tout dépend de la situation particulière de l'individu au sein du groupe. Il convient d'examiner celle-ci en détail, ce qui peut mettre en évidence des différences considérables de l'un à l'autre. Je peux n'avoir rien à me reprocher comme je peux directement porter la responsabilité d'un acte répréhensible commis par le groupe auquel j'appartiens. Précisons cependant que, dans certains cas, les différences entre les uns et les autres sont si évidentes qu'elles ne requièrent aucun examen particulier.

On peut approximativement qualifier un acte de collectif quand les membres d'un groupe l'accomplissent à la lumière d'un co-engagement, par lequel ils ont exprimé leur intention commune d'agir en tant tel. Un ou plusieurs des membres peuvent avoir seul(s) déterminé l'objectif à atteindre au nom de tous, si les autres lui (leur) ont accordé l'autorité nécessaire, déléguant ainsi leur pouvoir de décision. Le co-engagement peut également avoir été établi par adhésion générale.

Il est clair que ceux qui ont défini cet objectif vont constituer les principaux suspects quand il s'agira de déterminer la responsabilité de chacun dans sa mise en œuvre collective. Ils n'en seront pas pour autant nécessairement responsables, comme je vais en discuter brièvement.

Pour que l'acte collectif ait lieu, quelques-uns au moins des membres du groupe doivent agir à la lumière du co-engagement qui en a décidé. Il est clair que leur responsabilité morale personnelle sera en cause par la suite. Ils ne pourront se contenter d'expliquer leur acte en arguant de leur soumission à ce co-engagement, quelle que soit leur tentation de s'en tenir là. Même si le co-engagement, en tant que tel, leur a donné une raison suffisante d'agir, et même s'ils y étaient tenus envers les autres parties, aucun de ces deux éléments, pris séparément ou ensemble, ne constitue un motif indiscutable.

L'une de ces personnes, pour des raisons qui lui sont propres, pourrait avoir été moralement encline à s'abstenir d'un tel acte et en avoir pris conscience. Dès lors, il était moralement condamnable d'obéir malgré tout à ce co-engagement. En l'absence d'une telle prise de conscience, il est plus difficile de se prononcer.

Il est possible, par ailleurs, que certains des membres du groupe ne jouent aucun rôle, ni pour déterminer cet acte collectif particulier ni pour le mettre en œuvre. Parmi ces derniers, quelques-uns peuvent même en ignorer tout. Puisqu'il est impossible de leur reprocher leur ignorance, leur éventuelle responsabilité, si elle existe, ne peut que reposer sur un élément relativement indirect par rapport à l'action proprement dite.

Il est possible qu'ils portent néanmoins une part – relativement mineure – de responsabilité dans la faute collective. Par exemple, ils peuvent avoir délibérément contribué à élire un candidat dont le programme était moralement douteux, lui laissant ainsi le champ libre pour le mettre en application, avec ou sans leur aide. Dans *La culpabilité allemande*, une série de conférences destinées au public allemand et rédigées peu de temps après la seconde guerre mondiale, Karl Jaspers recense par exemple une série d'actes « indirects » qu'un individu pouvait se voir reprocher, même s'il n'avait pas directement pris part aux atrocités collectives[1].

1. K. Jaspers, *La culpabilité allemande*, *op. cit.*,

Reste qu'une faute collective n'en rejaillit pas nécessairement sur chacun des membres du groupe. Ceux qui ignoraient tout de l'acte incriminé, par exemple, peuvent s'être montrés irréprochables tout au long de leur vie. Parmi ceux qui étaient au courant, ou sentaient confusément qu'un tel acte était à l'ordre du jour, certains peuvent avoir fait tout ce que l'on pouvait raisonnablement attendre de leur part pour l'empêcher. Fût-ce, parfois, au prix de conséquences néfastes pour eux-mêmes.

Est-il envisageable que personne ne soit personnellement à blâmer au sein d'un groupe ayant commis un ou plusieurs actes répréhensibles ? Cela semble à première vue improbable, mais c'est une possibilité que l'on ne peut exclure. L'exemple qui suit montre comment, dans certains cas, tous les membres du collectif peuvent s'avérer, au moins relativement, sans reproche.

Celui qui a donné l'ordre d'exécuter l'acte incriminé – s'il s'est trouvé un donneur d'ordre – pourrait personnellement avoir été soumis à des pressions telles que cela l'excuse au moins en partie, de même que pour une politique générale adoptée par un groupe de dirigeants. Ceux qui ont obéi à des ordres venus d'en haut ont pu supposer qu'ils étaient justifiés par des faits qu'ils ignoraient. Ceux qui se sont abstenus de dénoncer des événements dont ils avaient connaissance et qu'ils condamnaient en conscience étaient peut-être réduits au silence par la contrainte. Etc.

La responsabilité particulière d'un individu dans un acte collectif peut poser question même quand les faits sont nettement établis. Le point essentiel pour ce qui nous occupe, c'est que seul peut en décider ce qui relève d'une vérité personnelle propre à chacun. On ne peut rien, ou presque rien en dire a priori, quelque légitime que soit le reproche adressé au groupe lui-même.

Je me propose d'analyser maintenant deux exemples qui soulèvent une question d'un autre type. Dans l'un comme dans l'autre, on peut légitimement estimer que ceux dont il s'agit étaient exempts de reproches au regard de l'acte collectif considéré, et je n'entends pas remettre ce jugement en cause. Je voudrais en revanche interroger le lecteur quant à la relation qu'il convient d'établir entre ces personnes et cet acte.

Examinons, d'abord, la situation d'un individu ignorant tout d'un acte répréhensible, ou du co-engagement qui l'a motivé. Cela pourrait être le cas d'un grand nombre de gens. Le chef peut ainsi avoir pris pour le groupe une décision connue seulement d'une minorité, celle-ci l'ayant appliquée en secret. Supposons qu'aucun des individus restés dans l'ignorance n'est personnellement blâmable. Pas seulement parce qu'ils n'en savaient rien, mais aussi parce que s'ils en avaient eu connaissance, ils auraient protesté, y compris à leurs dépens. Existe-t-il un lien significatif entre eux et l'acte collectif ? Plus précisément, sont-ils fondés à s'y associer (« ce que nous avons fait »), alors qu'ils s'en trouvaient personnellement si éloignés ?

Considérons maintenant le cas d'une personne qui savait ce qui se passait et a fait ce qu'elle a pu pour s'y opposer. Peut-être a-t-elle dû se contenter de protester et couru ainsi un risque important, par exemple en se voyant soumise à un interrogatoire brutal, puis remise en liberté par la police. En tout cas, son opposition totale aux agissements du groupe ne fait aucun doute[1] Peut-elle

1. Pour une analyse plus détaillée du rôle de la protestation dans les co-engagements, voir M Gilbert, « Group Wrongs and Guilt Feelings », *Journal of Ethics*, 1 (1), 1997, p. 65-84, dont p. 77-78. Une protestation personnelle ne violera pas forcément un co-engagement pris par ailleurs, par exemple une intention en tant que groupe d'entrer en guerre.

néanmoins les évoquer à la première personne du pluriel (« ce que nous faisons », « ce que nous avons fait ») et si oui, pourquoi ?

Or, dans ce type de situations, un tel positionnement est fréquent. Par exemple, quelqu'un apprenant après coup qu'un acte répréhensible a eu lieu peut couramment s'exclamer, sur un ton de désapprobation extrême : « Nous avons fait cela ! » Il pourra même insister, et ajouter par exemple : « C'est affreux ce que nous faisons là ». Il serait donc intéressant de définir un modèle d'acte collectif susceptible d'expliquer une telle attitude, dans un contexte comme celui-ci[1].

La notion de sujet pluriel, selon laquelle tout membre du groupe est partie prenante au(x) co-engagement(s) qui constituent le groupe, suffit manifestement à l'éclairer. S'avère particulièrement pertinent ici le co-engagement que j'ai appelé « primaire » qui autorise, à terme ou immédiatement, une ou plusieurs personnes à prendre des décisions, formuler des ordres, promulguer des règles, etc., pour l'ensemble des co-engagés.

Si un individu a pris part au co-engagement instituant l'autorité, il est fondé à s'associer à l'acte qui en a découlé (« Nous avons mal fait », « Nous sommes en tort », etc.),

1. Je ne veux pas dire par là que tout ce qui est dit a forcément du sens ! Je ne chercherai pas à montrer par exemple que des propositions comme « 2 plus 2 égale 7 » ou « Il a découvert un carré rond », dans les acceptions courantes des mots, ont un sens, mais partirai du principe qu'il s'agit de propositions fausses. En revanche, si l'on peut démontrer que, dans un cas comme celui qui nous occupe, le « ce que nous avons fait » constitue une absurdité patente, il faudra bien l'accepter. Même alors, la démonstration recourra peut-être à des concepts différents de ceux que le locuteur voulait exprimer. (Cette note se réfère aux commentaires formulés par Jon Elster après l'une de mes interventions, lors du séminaire Mellon, Université de Columbia, printemps 2005.)

en dépit du fait qu'il n'en ait rien su, ou qu'il ait fait son possible pour l'empêcher. Il se trouve clairement à l'intérieur du collectif, et ne peut donc se positionner, en parole, comme une entité séparée. Cela explique objectivement certains des sentiments qu'il peut éprouver à l'égard des actes commis par le groupe, culpabilité comprise, quels que soient ses propres actes[1].

1. J'ai évoqué le phénomène de la culpabilité individuelle suscitée par un acte collectif en différents travaux, en particulier : M. Gilbert, « Group Wrongs and Guilt Feelings », art. cit. et *Living Together : Rationality, Sociality, and Obligation*, Lanham, Rowman and Littlefield, 1996, chap. XVI.

COMMENTAIRE

RESPONSABILITE ET ACTION COLLECTIVE

L'article de Margaret Gilbert dont est tiré l'extrait précédent revisite une grande partie de ses travaux antérieurs sur les questions d'ontologie sociale et d'action collective. On y retrouve une synthèse de sa pensée et des éléments importants de la manière dont elle conçoit la responsabilité spécifique des groupes. Spécifique, car il importe pour elle de ne pas simplement plaquer les principes de la responsabilité des individus sur les entités collectives. Il faut au contraire penser de manière indépendante ces deux types de responsabilité, même s'il y a évidemment des convergences entre eux.

Gilbert rappelle le caractère intuitif de l'idée de responsabilité collective, alors que celle-ci est souvent jugée au mieux absurde ou au pire dangereuse, car elle motive les amalgames fallacieux et les actes discriminatoires, où des individus sont jugés sur la seule base de leurs liens avec un groupe. À tout moment, dit Gilbert, nous nous sentons responsables pour des gestes que nous n'avons pas commis. S'agit-il seulement d'un sentiment confus, qui nous empêche de bien discerner qui sont les personnes responsables ? Selon Gilbert, non. Nous pouvons nous sentir responsables de la situation des personnes en situation de handicap (au sens où nous aurions des devoirs envers eux), même si nous ne sommes pas causalement responsables de leur état. Nous pouvons nous sentir responsables pour des actes de violence gratuite commis par les forces de l'ordre même si nous n'en faisons pas partie (au sens où nous devrions en répondre). Dans les deux cas, nous sommes capables de nous représenter notre responsabilité car nous sommes engagés d'une manière ou d'une autre à l'égard du groupe – par exemple, dans le cas des forces policières, parce que celles-ci travaillent pour notre ville, ou pour notre État. Selon Gilbert, le fait qu'une personne postule la responsabilité d'un groupe dont il fait partie sans pour autant assumer sa propre responsabilité individuelle n'est pas contradictoire. Une citoyenne d'un État peut très bien dire, au sujet d'une guerre menée à l'étranger : « Nous sommes responsables d'un tel carnage » tout en continuant avec raison de penser qu'elle n'y est personnellement pour rien.

Gilbert défend une conception « collectiviste » de la responsabilité, selon laquelle les groupes eux-mêmes, en tant qu'entités singulières irréductibles à leurs membres, peuvent être responsables de leurs actions. Mais elle refuse l'interprétation du collectivisme selon laquelle les individus seraient nécessairement blâmables ou tenus responsables des actes commis par le groupe dont ils sont membres. Par exemple, la Russie pourrait être responsable de la guerre en Ukraine sans que chaque Russe en soit responsable. À noter qu'elle n'exclut pas qu'une telle chose soit possible. Ce qui compte pour elle est que la responsabilité des individus ne découle pas directement de la responsabilité des groupes dont ils font partie. Il n'est tout simplement pas nécessairement vrai – même si cela peut arriver – qu'une personne soit méritoire ou condamnable en raison des gestes vertueux ou au contraire répréhensibles du groupe auquel elle est associée.

Pour tenir moralement responsables des individus d'un acte fautif, il faut à tout le moins, dit Gilbert, une « action intentionnelle » de la part des agents[1]. Autrement dit, afin que nous puissions dire d'un groupe qu'il est responsable d'un méfait, encore faut-il que ce groupe ait agi en connaissance de cause. Mais comment pouvons-nous parler d'action intentionnelle, voire de n'importe quel acte cognitif (comme connaître la portée de nos gestes) de la part d'agents collectifs ? Pour répondre à cette question, Gilbert mobilise deux notions, celle d'*engagement conjoint* et celle de *sujet pluriel*[2].

Qu'est-ce que l'engagement conjoint ? Lorsqu'une personne s'engage à l'égard de quelque chose, elle s'oblige elle-même à répondre aux demandes qui lui sont faites en vertu de son engagement. Il en va de même pour l'engagement conjoint, qui n'est pas un engagement personnel, mais bien un engagement collectif. Comment distinguer les deux ? Le second n'est-il pas réductible au premier ? Selon Gilbert, un engagement conjoint demande au moins la présence de deux agents qui veulent agir ensemble. Cela signifie qu'ils ne sont pas simplement réunis dans un même geste par hasard, mais qu'ils choisissent de faire quelque chose dont le sens même est

1. On pourrait préférer parler « d'action volontaire », puisqu'une action peut être intentionnelle même si elle est contrainte (voir notre commentaire sur Aristote).

2. Voir M. Gilbert, *A Theory of Political Obligation : Membership, Commitment, and the Bonds of Society*, Oxford, Oxford University Press, 2007, chap. VII. Pour une discussion de la notion d'engagement chez Gilbert, voir C. T. Arruda, « Commitment and Collective Responsibility », *in* S. Bazargan-Forward, D. Tollefsen (eds.), *The Routledge Handbook of Collective Responsibility*, *op. cit.*, p. 184-201.

d'être une action collective. Si Jean et Jeanne décident de « marcher ensemble », cela veut dire qu'ils veulent faire une promenade ensemble et non simplement marcher chacun de leur côté[1]. L'acte lui-même ne peut être pensé qu'en relation à un groupe. Bien entendu, la décision de prendre part à cette action relève des individus, mais l'action elle-même est collective et nous devons la voir comme telle sans quoi nous ne pourrions pas la décrire de manière adéquate. Il semble absurde de prétendre décrire le geste collectif de marcher ensemble si on s'en tient à la seule description des comportements individuels. Il est possible de dire quelque chose du comportement des individus à l'égard du collectif; mais cela ne suffit pas à décrire celui-ci. Dire que Jean prend la main de Jeanne et que Jeanne prend la main de Jean, ne traduit pas clairement qu'ils se prennent la main. Mais comment se produisent les co-engagements ? Pour Gilbert, il n'est pas nécessaire pour ce faire de passer un contrat, même implicite. Il suffit de savoir qu'une « disposition d'esprit » ou une « disponibilité » à l'égard d'un objectif commun soit partagée de manière suffisamment claire par tous les membres du groupe pour créer ce co-engagement. Les membres créent alors une entité nouvelle, ce qui signifie que cette entité n'existait pas dans l'état logiquement antérieur où ils n'étaient que des individus[2]. Ils pourront par la suite en modifier la constitution selon l'arrivée ou le départ de nouveaux membres.

La notion de co-engagement conduit à celle de *sujet pluriel*, la première étant nécessaire à la seconde. Les

1. Voir M. Gilbert, *Marcher ensemble. Essais sur les fondements des phénomènes collectifs*, trad. fr. A. Bouvier *et al.*, Paris, Puf, 2000.

2. Gilbert dit s'inspirer ici du Durkheim des *Règles de la méthode sociologique* (1895).

co-engagements donnent une autorité au groupe, lequel n'est pas nécessairement contraint dans l'espace, ni non plus dans le temps. En effet, le sujet pluriel peut agir d'une manière *x* dans le temps présent et d'une manière *y* dans l'avenir sans pour autant changer d'identité. Par exemple, un État comme l'Afrique du Sud pré-Apartheid demeure l'Afrique du Sud, même après le 30 juin 1991. Gilbert distingue alors les co-engagements « primaires », qui instituent l'autorité du groupe ou la réaffirment, et les engagements « secondaires », qui consistent à respecter les choix d'action de l'autorité instituée par l'engagement primaire. Par exemple, un groupe peut se former spontanément en réaction à une situation d'urgence et désigner un chef (engagement primaire) et adopter les choix d'action préconisés par celui-ci (engagement secondaire).

L'engagement primaire ne fixe pas la forme ou la taille du groupe. En effet, les membres du groupe à l'origine de l'engagement primaire peuvent accepter d'autres agents. Le sujet pluriel continue d'exister, dit Gilbert, même si tous les membres du groupe originel ont été peu à peu remplacés. Une organisation de défense des droits ou un quatuor à cordes peuvent persévérer dans le temps même si tous les membres à l'origine du co-engagement ont été remplacés. Bien entendu, nous savons que le quatuor à cordes n'a plus la même couleur musicale, en raison du remplacement d'un altiste, mais tant et aussi longtemps qu'une certaine ligne directrice demeure la même, que ce soit dans les moyens ou dans les objectifs, alors nous pouvons dire que le quatuor est le même.

RESPONSABILITÉ INDIVIDUELLE ET RESPONSABILITÉ COLLECTIVE

Dans l'article dont nous avons donné un extrait, Gilbert s'interroge sur la responsabilité des individus à l'égard d'une action collective. Supposons qu'un groupe donné ait décidé de commettre un crime. Que pouvons-nous en déduire sur la blâmabilité de chacun ? A priori, rien du tout. Nous ne pouvons pas savoir si les membres du groupe ont quelque chose à se reprocher individuellement, puisque cela dépend de certaines circonstances et des modalités ontologiques du groupe. Ainsi, dit Gilbert, chaque membre du groupe pourrait avoir une excuse – l'un s'étant trouvé contraint alors que l'autre ignorait tout de ce qui se passait, etc. Mais Gilbert rappelle qu'un acte est collectif si et seulement si les membres d'un groupe l'accomplissent en raison d'un co-engagement, où ils ont exprimé leur intention commune d'agir. Certes, l'objectif du groupe a peut-être été décidé par une seule personne, ou quelques-unes, mais cela a été fait « au nom de tous ». Ce point est important puisque dans la logique collective, les personnes ayant décidé des objectifs du groupe ne sont pas nécessairement les principaux responsables de l'action de celui-ci.

Il est par ailleurs également possible que certaines personnes, même si elles sont co-engagées, ne participent d'aucune manière à une action collective nuisible par exemple si elles ignorent les desseins réels du groupe auquel elles appartiennent. Ce serait le cas si un groupe à l'intérieur d'une organisation en principe pacifique commettait un acte terroriste au nom de l'organisation en question. Mais, nous dit Gilbert, la responsabilité des membres ignorants, *en tant que membres du groupe*, ne disparaît pas pour autant. S'ils sont bien membres d'un co-engagement, cela implique une forme de participation, ne serait-ce qu'à titre de membres du co-engagement primaire. Gilbert reprend les thèses de Jaspers, dont nous avons parlé au troisième chapitre, au sujet de la culpabilité allemande au lendemain de la Deuxième guerre mondiale. Les Allemands ont dans l'ensemble commis certains actes qui ont indirectement favorisé les crimes des nazis, par exemple avoir payé des impôts ou avoir bénéficié de la citoyenneté allemande. Cela n'implique pas nécessairement une culpabilité de tous les Allemands, puisque plusieurs ont milité contre le nazisme au risque de leur vie.

Si la responsabilité collective d'un groupe ne se traduit pas nécessairement par une culpabilité individuelle de tous ses membres en bloc, peut-on aller jusqu'à penser qu'aucun membre du groupe, considéré individuellement, ne soit responsable ? Dans la mesure où aucune responsabilité individuelle, aucun geste ou attitude d'un agent n'a d'impact significatif sur une situation donnée, Gilbert n'exclut pas cette hypothèse, puisque les circonstances peuvent varier d'une situation à une autre. Il est tout à fait possible d'imaginer des scénarios où les individus ne jouent aucun rôle digne de mention, mais où le groupe est seul responsable. Dans certains cas, des individus auront des responsabilités particulières au sein d'un collectif, par exemple s'ils ont des pouvoirs sur les autres membres. Il faudra évaluer leur responsabilité propre *et* celle du groupe dans son ensemble. Dans d'autres cas, les individus n'auront pas de rôle particulier.

Gilbert donne deux exemples particulièrement intéressants pour l'analyse de la responsabilité collective. Elle suppose d'abord un individu qui, au sein d'un groupe, ignore tout du geste fautif commis par son groupe et ignore même l'intention à l'origine de ce geste. Est-il cohérent qu'une personne se sente malgré tout responsable des actes commis par son groupe ? Cet individu n'a pas pu agir au moment où s'est produite l'action répréhensible, mais il aurait pu s'y opposer s'il avait eu connaissance des intentions du groupe. Gilbert donne ensuite l'exemple d'une personne qui non seulement sait qu'une action mauvaise sera perpétrée mais agit en s'y opposant. Est-il cohérent pour cette personne de s'associer malgré tout à l'action collective alors qu'elle s'est employée à lui faire obstacle ?

C'est la notion de sujet pluriel, et plus précisément celle de co-engagement primaire qui permet à Gilbert d'expliquer en quoi, dans ces deux cas de figure, les personnes ont raison de s'associer à l'action fautive (en disant par exemple « nous sommes responsables de la guerre en Irak »), même s'ils ne savaient rien ou s'ils s'y opposaient. Si ces personnes font bien partie du groupe, c'est en raison de l'autorisation consentie à une ou des personnes formant un groupe *x* à agir de manière *y* ou *z*. Par exemple, Anne est membre d'un groupe d'abord et avant tout en raison de son co-engagement primaire avec Bernard. Elle est, comme dit Gilbert, « à l'intérieur du collectif », c'est-à-dire qu'elle ne peut pas s'en dissocier en prétextant l'ignorance ou son opposition. Cela étant dit, le groupe ainsi constitué existe comme une entité en soi. Il y aura donc Anne, Bernard *et* le groupe qu'ils forment à eux deux. C'est la raison pour laquelle il est tout à fait cohérent pour une personne de se sentir responsable d'une action fautive commise par son groupe tout en pensant qu'elle ne devrait pas être personnellement blâmée. La cible du reproche est l'agent collectif et non les individus qui lui sont associés. Lorsque je dis : « nous sommes responsables d'avoir commis ces crimes odieux », c'est bien le « nous » qui est interpellé – à qui on demande réparation –, et non le « je ».

Il reste que si nous prenons la notion de co-engagement primaire au sérieux, il pourrait sembler paradoxal qu'un individu se sente responsable pour des actions commises par son groupe avant même qu'il n'en fasse partie. Gilbert pense au contraire que cela est tout à fait possible, puisqu'encore une fois la responsabilité est bien celle du groupe et non des individus. Si les arrière-petits-enfants de Karl Jaspers peuvent s'associer à la « culpabilité allemande », ce n'est évidemment pas en raison de leur appartenance à l'Allemagne au moment du Troisième Reich. Ils s'y associent comme un « nous » qui va au-delà de leurs existences personnelles. Mais il va de soi, pense Gilbert, que la responsabilité et la relation des individus à l'égard de ce « nous » qu'est l'Allemagne sera différente selon qu'ils vivaient ou non à l'époque des crimes du Troisième Reich.

QUELQUES CRITIQUES…

Dans un livre récent, Stephanie Collins[1] a remis en cause les théories de Gilbert et de Michael Bratman. Il serait en effet possible d'associer la thèse de Gilbert aux idées de Bratman, qui a beaucoup écrit sur l'action collective[2]. Selon Bratman, nous avons des intentions conjointes dans la mesure où nos actions sont compatibles (par exemple repeindre le mur du salon). Les membres du groupe n'ont pas à avoir une structure organisationnelle

1. S. Collins, *Group duties. Their existence and their implications for individuals*, Oxford, Oxford University Press, 2019.

2. Voir M. Bratman, *Shared Agency : A Planning Theory of Acting Together*, Oxford, Oxford University Press, 2014.

très complexe. Il suffit qu'ils aient l'intention d'agir de manière compatible, ce qui peut se décider tout juste au moment de l'action. Ce qui compte est que ces personnes souhaitent agir de manière compatible. On pourrait voir là une structure conceptuelle semblable à celle du co-engagement primaire chez Gilbert.

Selon Collins, ni Gilbert ni Bratman n'offrent une version convaincante de ce qu'est un agent collectif ni non plus des devoirs et responsabilités qui leur sont associés. Collins reconnaît que les sujets pluriels agissent en vertu d'intentions qui sont leur sont propres. Mais elle soulève des doutes quant à la thèse selon laquelle c'est l'intention de départ (l'engagement primaire) qui les définit. Si un groupe est défini par ses intentions de départ, alors il s'ensuit qu'il ne peut pas changer radicalement. Les groupes sont forcément alors limités par les intentions qui les définissent. Par exemple, un groupe de lecture sur Heidegger pourrait difficilement devenir une milice paramilitaire d'extrême droite. Tout au plus le groupe pourrait-il agir dans le prolongement des intentions qui a présidé à sa formation.

Gilbert pourrait répondre que le spectre des intentions initiales peut être très vaste et par là même déployé de manière très large. Un groupe peut évoluer tout en conservant ses engagements primaires. Si un représentant du groupe s'éloigne trop de ces engagements, les autres membres (en tant que membres) peuvent malgré tout être responsables de ses agissements. Et c'est précisément parce qu'ils en sont responsables qu'ils doivent critiquer la dérive du groupe par rapport aux engagements primaires. Cette critique est possible puisque le groupe dispose de connaissances morales qui façonnent ses jugements. Il est capable de reconnaitre ses engagements et d'identifier ses responsabilités.

Si Collins doute des aptitudes des agents collectifs tels que conceptualisés par Gilbert, d'autres sont moins préoccupés par l'ontologie sociale de celle-ci que par les thèses morales qu'elle en déduit. Par exemple, Michael McKenna adopte l'idée d'un groupe irréductible à ses composantes, mais remet en question la capacité des groupes à être responsable de leurs actions. En effet, pour McKenna, une action responsable doit « présenter un ensemble riche et stable de réponses aux raisons[1] ». Mais on ne voit pas bien, répond Gilbert, pourquoi cela serait la seule prérogative des agents individuels. Après tout, des groupes peuvent très bien réagir à des raisons de manière réfléchie et stable, en référence à leurs idéaux ou principes, lorsqu'ils refusent d'agir ou lorsqu'au contraire ils souhaitent le faire parce que cela est conforme ou contraire à leurs convictions ou leur code de conduite.

Alors que McKenna craint que le groupe soit trop désuni pour être responsable, Tracy Isaacs craint plutôt qu'il soit *trop* uni selon la conception de Gilbert. Elle craint, autrement dit, que Gilbert soit allée trop loin dans le collectivisme. En effet, une fois le groupe formé, ses membres se trouvent engagés à poursuivre ses objectifs. Mais alors, soutient Isaacs, la thèse de Gilbert conduit à une conclusion absurde, à savoir que les citoyens d'un État génocidaire seraient engagés à participer au génocide[2].

1. Voir M. Gilbert, M. Priest, « Collective Moral Responsibility and What Follows for Group Members », *in* S. Bazargan-Forward, D. Tollefsen (eds.), *The Routledge Handbook of Collective Responsibility*, *op. cit.*, p. 33.

2. T. Isaacs, « Collective Moral Responsibility and Collective Intention », *in* P. French, H. Wettstein (eds.), *Shared Intentions and Collective Responsibility*, *Midwest Studies in Philosophy*, 2006, vol. 30, p. 72.

Sans doute, la théorie de Gilbert implique que si une personne s'oppose à un crime commis par son groupe, ce dernier peut lui rappeler avec raison son co-engagement. Mais, répondrait Gilbert à Isaacs, cela ne veut pas dire qu'il ait le droit d'exiger d'elle ce qu'elle ne peut accepter moralement, comme de commettre un génocide. Rappelons-le, le co-engagement « primaire » autorise le groupe, ou une ou plusieurs personnes à prendre des décisions ou à promulguer des règles pour l'ensemble des co-engagés. Mais il est tout à fait possible que des membres s'opposent à ces règles ou à ces ordres pour toutes sortes de raisons morales. Une personne peut dire « Nous sommes en guerre » et s'engager à protester pour défendre la paix. Comme on l'a déjà suggéré, le fait qu'une personne fasse partie de ce « nous » rend encore plus urgente son opposition pour défendre la paix. Ce qui est intéressant ici est que l'opposition du groupe à l'un de ses membres (ou vice-versa) ne signifie pas une rupture de l'entité collective encore moins une disparition de la responsabilité collective. Les individus ne disparaissent pas dans le collectif et le collectif ne se réduit pas à ses composantes. Le collectivisme de Gilbert semble donc avoir des limites raisonnables.

TABLE DES MATIÈRES

TEXTES ET COMMENTAIRES

DERNIERS TITRES PARUS
DANS LA MÊME COLLECTION

Christophe AL-SALEH, *Qu'est-ce qu'une couleur ?*
Valérie AUCOUTURIER, *Qu'est-ce que l'intentionalité ?*
Anne BAUDART, *Qu'est-ce que la sagesse ?*
Justine BALIBAR, *Qu'est-ce qu'un paysage ?*
Jiry BENOVSKY, *Qu'est-ce qu'une photographie ?*
Serge BOARINI, *Qu'est-ce qu'un cas moral ?*
Cyrille BRET, *Qu'est-ce que le terrorisme ?*
Florent BUSSY, *Qu'est-ce que le totalitarisme ?*
Alain CAMBIER, *Qu'est-ce que la métaphysique ?*
Patrice CANIVEZ, *Qu'est-ce que l'action politique ?*
Philippe CAPET, *Qu'est-ce que mentir ?*
Mathieu CHAUFFRAY, *Qu'est-ce que l'humour ?*
Solange CHAVEL, *Qu'est-ce qu'une frontière ?*
Jean-Marie CHEVALIER, *Qu'est-ce que raisonner ?*
Anna CIAUNICA, *Qu'est-ce que la conscience ?*
Paul CLAVIER, *Qu'est-ce que le créationnisme ?*
Jean-Pierre COMETTI, *Qu'est-ce qu'une règle ?*
Jean-Pierre CUKIER, *Qu'est-ce que le travail ?*
Adélaïde DE LASTIC, *Qu'est-ce que l'entreprise ?*
Steeves DEMAZEUX, *Qu'est-ce la folie ?*
Guy DENIAU, *Qu'est-ce qu'interpréter ?*
Julien DUTANT, *Qu'est-ce que la connaissance ?*
Paul ÉGRÉ, *Qu'est-ce que le vague ?*
Michel FABRE, *Qu'est-ce que problématiser ?*
Alain GALLERAND, *Qu'est-ce que le transhumanisme ?*
Benoît GAULTIER, *Qu'est-ce que le pragmatisme ?*
Denis GRISON, *Qu'est-ce que le principe de précaution ?*

Annie Ibrahim, *Qu'est-ce que la curiosité ?*
Baptiste Le Bihan, *Qu'est-ce que le temps ?*
Fabrice Louis, *Qu'est-ce que l'éducation physique ?*
Louis Lourme, *Qu'est-ce que le cosmopolitisme ?*
Paul Mathias, *Qu'est-ce que lire ?*
Michel Meyer, *Qu'est-ce que le questionnement ?*
Anne Meylan, *Qu'est-ce que la justification ?*
Cyrille Michon, *Qu'est-ce que le libre arbitre ?*
Claire Pagès, *Qu'est-ce que la dialectique ?*
Claude Panaccio, *Qu'est-ce qu'un concept ?*
Denis Perrin, *Qu'est-ce que se souvenir ?*
Julien Rabachou, *Qu'est-ce qu'un monde ?*
Olivier Sartener, *Qu'est-ce que l'émergence ?*
Yann Schmitt, *Qu'est-ce qu'un Dieu ?*
Alexander Schnell, *Qu'est-ce que le phénomène ?*
Ludovic Soutif, *Qu'est-ce qu'une pénsée singulière ?*
Pierre Steiner, *Qu'est-ce que la pensée ?*
Jean-Marc Stébé, *Qu'est-ce qu'une utopie ?*
Julien Tricard, *Qu'est-ce qu'une loi de la nature ?*
Franck Varenne, *Qu'est-ce que l'informatique ?*
Joseph Vidal-Rosset, *Qu'est-ce que la négation ?*

Achevé d'imprimer en octobre 2024 par *La Manufacture - Imprimeur* – 52200 Langres
Imprimé en France – N° d'imprimeur :240808– Dépôt légal :octobre 2024